人生の意味

石原裕次郎

青志社

人生の意味　石原裕次郎――目次

第五章　時をいとおしむ

第一章　あの夏の日の午後

兄弟の旅立ち

　僕は昭和九年十二月二十八日、神戸で生まれた。神戸の記憶はないんだけど、須磨の大手町という山の手の海が見えるいいところなんだ。生家は僕は知らないんだけど、空襲で焼けたそうだ。大人になってから、その近辺へ遊びに行ったことがある。

　ウチの親父は当時、山下汽船の社員で、僕が三つか四つの時に若くして支店長になり、小樽に転勤となった。その頃の小樽は、札幌のベッド・タウンという存在で景気が良かった。その良き時代の小樽で幼年期を過ごしたことになる。小学校の二年まで小樽の稲穂小学校で、その後、父が役員になって東京に戻った。住居は神奈川県の逗子で、昭和十八年だ。小樽時代は、父が三十代半ば、いちばんいいポジションで、家としては、ほんとうにいい時代じゃなかったかかな。小樽の家は、瀟洒なイギリス風の洋館でね、当時としては、まあ……まあというか、非常にいい生活じゃなかったのかなあ。

神戸、小樽、そして逗子――。

山下汽船の重役だった親父の任地の関係で、僕たち家族が暮らした街だ。

どこもみな、家から海が見えたけど、なかでも小樽の家からの眺めは素晴らしかったね。小樽港へ真っ直ぐ長い坂の山の手にあってさ。二階の部屋から港が見渡せるんだ。三歳から九歳まで、僕は小樽の海を見ながら暮らした。

小樽の家には、オンコの木の生け垣があってね。すぐ裏には、きれいな小川が流れていた。小川は冬場はもちろん雪をかぶってしまうんだけど、それ以外の季節は、僕ら幼い子たちの絶好の遊び場になっていたんだ。

あれは、いつの季節だったのかな。戦争が始まる前だから、僕が小学校にあがる前後だったと思うけど、隣の家で可愛い子犬が五匹くらい生まれたんだ。まだ、やっと目があいたくらいでね。抱き上げるとクンクン鼻を鳴らして、これがとっても可愛いんだ。僕は子犬を遊ばせてやろうと、抱いたまま裏の小川に抱いて連れて行った。子犬も水遊びを喜ぶと子供心に思ったんだね。

子犬を小川に浮かべて手を放したら、泳いだよ。〝犬搔《か》き〟で一所懸命に泳ぐんだけど、せせらぎといっても、幼い僕や子犬にとっては、流れが速すぎたんだね。

（あっ）

◇小樽の自宅近くの裏山で。父潔は、幼い日の兄弟のツーショットを多く残している。

と思ったとき、子犬がもう流されちゃって、どんどん遠ざかる。必死で追いかけたけど、子供の足じゃ、追いつかないさ。子犬の姿が、だんだんと小さくなっていってね。やがて見えなくなってしまった。

このとき僕は、どんな顔をしていたのだろうね。泣いたという記憶はないんだけど、可愛い子犬を自分の不注意で死なせてしまったという、良心の呵責《かしゃく》とでも言うのかな。そんなものに胸を締めつけられたことを覚えている。

後年、ロケなどで北海道に来るたびに、小樽まで足を伸ばして、僕はこの小川に花を手向けた。数え切れないほど楽しい思い出が詰まった小樽時代の、僕の〝心の疵《きず》〟なんだ。

僕が住んでいた緑町一丁目から、坂を上に歩いていくと、小樽商高があるんだけど、その途中に大きなアカシアの木があってね。

そこからは小樽港が一望できた。眼下に雄大な景色がパノラマのように広がってさ。絶好のロケーションの場所だった。

しかも朝陽が、斜光線で射してくるから、写真好きだった親父は、ここがお気に入りでね。パノラマの風景の中に兄貴と僕を立たせて、よく早朝の写真を撮ったものだ。

親父は、日曜日になると必ずゴルフに行くんだけど、出かける前に「写真を撮るぞ」って、兄貴と僕を起こすんだ。こっちは眠いのにさ。逆らうわけにもいかないから、兄貴と僕は、眠い目をこすりながら、親父の後をついて、アカシア木のところまで、てくてくと坂道を上って行くというわけ。

でも、ここから見る陽の出は素晴らしかったな。海の向こうから朝陽がゆっくりと上がってきてね。これが壮観なんだ。そして斜光線が射すと、兄貴と僕が逆光になって、それを親父が背後から何枚も撮るんだ。

そのころの写真が、いまも手元にたくさん残っているけど、アルバムをめくるたびに、親父が切るシャッター音が聞こえてくるような気がするね。

親父は凄いスポーツマンだった。学生時代はラグビー、テニスとかやって、サラリーマンになってゴルフを始めた。

小樽時代、郊外の銭箱のコースへ親父に、兄と毎日曜連れて行ってもらってね。クラブ・コンペなんかで優勝したり、いろいろあったなぁ。――そういう意味ではバタ臭いというかモダンというか……。

その当時の写真を見るとニッカ・ポッカでジーン・サラセンみたいな格好してね。それから、よく映画なんかも連れてってもらったりした。たとえば、阪妻さんの若かりし頃の「荒木又右衛門」とか、子供が入っちゃいけない「愛染かつら」とか。冬になると北海道では、いい、カクマキっていう、毛糸のマントみたいなものを着る。お手伝いさんがそれを着ると、僕は小さいからその中に入っちゃう。それで見ちゃいけない映画を垣間見るというふうに……。

洋画も、いろんなの見たな、まぁ何を見たか記憶は不確かだが。自分で自発的に見出したのは、戦争映画だね。「加藤隼戦闘隊」とか「燃ゆる大空」とかね。戦争景気の映画だから、日本が勝つという勇ましい映画だった。

小樽の四季で、僕が一番好きだったのは冬だね。

子供だから、スキーができるのが楽しかったんだ。雪合戦もしたし、小学校へはスキーを履いて通った。小樽の冬は、遊びに事欠かないシーズンなんだね。

反対に、嫌いなのは春だ。雪どけ水で、道がぬかるんでさ、街が汚くなるんだ。

そして、馬糞《ばふん》。僕たちが子供のころは、物を運ぶのは馬ぞりだから、道のそこかしこに馬が糞をするわけ。冬のあいだは、雪の下に埋もれていて見えないからいいけど、春になって雪がとけちゃうと現れてくるんだ。

しかも小樽は、坂道の街だからね。雪どけの水が上から下へと流れて行くから、馬糞が吹きだまりのようなところへ集まってしまうんだ。

そこへ春一番がビューッと吹くもんだから、黄砂の如く馬糞が舞い上がってさ。街中、馬糞の匂いだらけになってしまうわけ。

小樽の春は、乾いた馬糞の匂いで始まるんだ。

◇昭和16年1月、小樽の天狗山スキー場にて兄弟でスキーを楽しむ。

「男の教育」と父の死

昭和十八年春、親父が山下汽船の重役になったので、僕たち一家は、北海道の小樽から神奈川県の逗子に引っ越した。

逗子に移る前の昭和十七年は小樽の小学校二年で、シンガポールが陥落して「日本勝った、日本勝った」で――提灯行列したのをハッキリと記憶にある。翌十八年に逗子に来た頃、もう日本の戦況は雲行きがおかしくなって、十九年には空襲があって、二十年の八月十五日終戦……。だから、いい時代を小樽で過ごして、日本危うしという時代を、いちばんのどかな湘南で過ごし、東京、横浜大空襲も横目で見ながら育った。

引っ越した当時、僕は九歳。逗子の家は海のすぐそばにあってね。夏は海水浴、冬場は友達と砂浜で野球をして遊んだものだ。

引っ越して間もなくヨットの魅力に取りつかれるんだけど、模型作りには相変わらず熱中していて、ソリッドモデルの飛行機を三十機くらい、自分の勉強部屋の天井から吊り下げて悦に入っていたもんさ。

二年後、戦争が終わってから、横須賀にエンジン機を売る店ができるんだけど、その店には、カナダを走る電気機関車や、アメリカで開発された飛行機などの写真が置いてあったので、僕は、その写真から想像で図面を起こして、ソリッドモデルを作っていた。そのころ作ったソリッドモデルが、いま家に残っているんだけど、よく想像でこんな正確なものができたもんだと、自分で感心しているんだ。

傑作は、ソリッドモデルのジェット戦闘機だね。プロペラ機の時代に、想像でジェット機を作っちゃったんだ。当時、ヒトラーがロンドン攻撃に使おうとした〝空飛ぶ爆弾〟にＶ１号というのがあって、あれに羽根をつけた想像図がスケッチの形で雑誌によく出ていたから、そのへんからヒントを得たのかもしれないね。

でも、Ｖ１はロケットだけど、僕が〝創造〟したジェット戦闘機は、両横に別個にエンジンがついていたから、本格的だよな。木をナイフで削り込んでさ。完成まで二、三週間かかったかな。

そういう子供時代を過ごしているから、いまのプラモデルには腹が立つね。「とにかく糊《のり》でつけなさい、あとは根気だけですよ」――そんなものは、面白くないじゃない。僕も何度か入院しているから、お見舞いでもらったりするんだけど、そのまま人にやっちゃったりしたもんだ。

ともあれ、模型作りに熱中した僕は、そのうちヨットを作り始める。物を作るのが好きで、好きで、勉強よりも好きで、それでよく親父に怒られたものだ。

僕は逗子小学校に転入して、兄は旧制の藤沢の湘南中学に行った。日本が戦争に敗れたあと、新制の逗子中学ができて、僕はそこに行った。だから僕は、マッカーサーがしいた六・三・三制の第一期制だ。

中学校は行くというより、仲間が集まってしょうがないから勉強したというか、机も何も無くてね。

小学校五年の時、終戦を迎えたのだが、小学校のとき僕らは、少年航空兵で行きたいと思っていたし、兄貴の行った湘南中学は、海兵学校の入学率が日本で一番高かったんだ。戦争は四年で終わっちゃったけど、当時は百年戦争って言われていたし、そういう教育をされていたから、戦争に行く気でいた。

敗戦は信じられなかった。八月十五日は、いい天気だった。玉音放送聞いて「あ、終った」って感じで泳ぎに行っちゃったけどね。あの頃の海岸あたりは、タコ壺っていって、二メートルぐらいの穴掘って、手榴弾持って一人ずつ入って玉砕ゴッコ。そういうことやっていた。だから立入禁止だったが、それでも土地っ子は結構兵隊と仲良くなって、海で遊んでいた。そんな時に、「お前たちも死ぬんだぞ」って言われて、「もちろんです。そのときには手榴弾下さいね」って真剣に言ってた途端に終戦――。近所の遊び仲間と「これで伸び伸び泳げるな」って、子供心に喜んだよ。

父は満州事変に出征したが、すぐ帰ってきたみたいだ。終戦の日は家にいた……。今だから言えるんだが、父は敗戦を知っていたね。日本の軍隊と船会社は繋がっていたから、軍の情報は会社首脳部が直に聞いていたみたいだった。母が疎開をすすめてもガンとして聞き入れなくて。二週間位前から八月十五日ってわかっていたみたいだった。あらゆる意味で、これ以上ダメージがない方がいい、このままだと日本は滅茶苦茶になってしまうぞ、そういう不安感の方が強かったと思う。

中学生の兄貴はね、このことについては面白いこと言っていた。「気狂いになっちゃおうか」なんて……。「戦争なんて無駄だからね」と。僕は単細胞だから少年航空兵なんて言ってたけれど、あいつは、戦争は阿呆らしいと、そんなもんで野垂れ死にすることはねえぞってことを盛んに言っていた。

敗けたっていう実感は、次の日の八月十六日だった。朝飯食って、また泳ぎに行ったら第七艦隊が逗子沖にデー—ッと並んでいる。で、グラマンが低空でデモンストレーションやっている。そのうちに、その中の軍艦が星条旗上げて、よく見ると女が乗っている。

なんで戦争なのに女がいるんだろう、と思っていたけど。金髪の女が五人くらい兵隊と乗ってるんだ。湾の中に入って来たとき、僕は石を投げた。そういう姿を眼のあたりにしたときには、敗けたということに、ムカーッときた。

あの頃の教育ってのは、とにかく敗けたら鬼みたいな毛唐が来て、女子供は食っちゃうという野蛮人のイメージを僕らに植えつけていた。だから、これはもう、いくら降参しても生き残れないのかという、危機感はあった。

終戦になって一週間ぐらいしても飛行機が飛んできてトルーマンの写真入りのビラをまいていく。

「無駄な戦争やめろ！」って……。実際、小学校五年じゃ、そんなに深刻にはなれない。「進駐軍、どんな顔しているか見に行こう。行けば何かくれるぞ」。「ギヴ・ミー・チューインガム」でね。節操がないっていえばそれまでだけど。


僕の親父は、スパルタ教育だった。

よく殴られたよ。親父のでっかい手で、面積の少ないほっぺたをブン殴られると、中耳炎というのか外耳炎というのか、鼓膜がおかしくなって、キーンと耳鳴りがしてね。二週間ぐらい取れないときもあった。

「そんなに殴ったら、子供がバカになります」

親父が殴り始めると、おふくろが抗議してくれるんだけど、僕は殴られながら、

（おふくろは、いいこと言うな）

と思ったもんだ。

いまは体罰がすぐ非難されるけど、当時のしつけは、親父のやり方でよかったんだと思っている。

「兵隊に行って死ぬんだ」
という根性を育てるのが戦時中の教育だからね。
子供にしても、
（鼓膜くらい破けてもしょうがないいんだろうな）
という思いはあった。
いま考えると、非常に野蛮だけど、そういう時代だったんだ。

兄貴は優等生だから、親父に手をあげられることは、まずなかった。殴られ役は、僕が一手に引き受けていた。いや、親父は殴るだけじゃないんだ。水を張ったバケツを両手に持って、庭に立たされるんだから。真冬――それも、夜だぜ。雪がチラチラ降ってさ。身体は寒くて震えるわ、足は感覚が無くなるわ……。

でも、親父は僕が立っている間、晩飯を食べないで、じっと待っているんだよ。何時間でも。それでお仕置きが解除になったところで晩メシになるんだけど、その時間には、兄貴もおふくろもみんな寝ているんだ。そうすると、親父は、僕と一緒に冷たくなったご飯を食べるんだ。
（親父、偉いな）

と、このとき思った。

怖い親父だけど、こういう親父の姿を見て、親しみというのか、

(近づけたな)

ってね。そんなことを感じたものだ。

そんな親父と高校生のころまで、一緒に風呂に入っていた。

兄貴も家にいると、一緒に入った。

親子で風呂に入って、親父が僕と兄貴の身体を洗ってくれるんだけど、兄貴も僕も、体重こそもっと軽かったけど、身長はいまと同じだからね。

図体のでっかい二人の息子を、親父はもう、頭のてっぺんから足のつま先まで、石鹸つけてゴシゴシ洗ってくれるんだ。

僕は、煙草くわえていないけど、足をドーンと投げ出してさ。それを、親父が一所懸命に洗ってくれる。子供のころならともかく、どでかいのを二人も洗うんだから、親父もさぞやくたびれたと思うよ。

だから僕たち父子は、スキンシップなんてものを超えちゃって、そうすることが当たり前みたいな関係だったね。

親父とだけじゃなく、僕らがちっちゃいときは、家族四人で風呂に入っていた。

「お母さんもおいで」

なんて、親父が呼んでさ。おふくろが途中から入ってくるんだ。

だから、いま当時の親父を振り返ると、すごく微笑ましくてね。

「よかったな」

というイメージしか残っていないんだ。

おっかない親父だったけど、家族思いで本当に子煩悩だったと思う。小樽時代は、親父に連れられて、兄貴と三人でよくスキーに行ったし、雪のない季節は、おふくろにおにぎりを作ってもらって、朝から夕方まで、三人で近くの山を歩きまわったりした。スパルタだけど、やさしい親父だった。

また、運動好きな父は、スポーツに関してのわれわれの要求はどんなことでも聞いてくれた。僕が中学二年、バスケットを始めたころ、まだ当時はバッシュー（バスケット・シューズ）などなく、僕が父に注文すると、神田じゅうを歩き回って、僕の注文どおりの品を買ってきてくれたことも、ようくおぼえている。

その親父が、昭和二十六年十月十五日、脳溢血で急死するんだ。

朝、横須賀線で親父と一緒の電車に乗って、

「じゃ、行ってくるよ」

と言って、僕は横浜駅で降りたんだ。

その夜——七時五分に、親父は死んだ。五十歳だった。

僕が慶応高校二年のときだった。朝鮮動乱で景気が盛り返している頃でね。親父の会社がある大阪商船ビルの会議室で急に倒れたんだ。

そう、台風も過ぎ夏も終った十月十六日のことだった。朝はふだんと変わらぬ元気な親父であったが……。

親父の会社の車が「お父さまがお倒れになりました」と迎えにきてくれ、母と僕と、夕方四時ごろ、逗子から東京へと走った。僕は車の中で「なんやお前ら、アワクウて、大したことあらへんぞ……」と、床の上からいう案外元気な親父の姿を想像しながら、京浜国道を走った。しかし事態はそれを裏切った。

商船ビルの会議室にとび込んで親父の姿を見た一瞬、ダメだ！　と僕は思った。会議室の床《ゆか》に新聞をしきつめ、その上に仮の床をつくった、その上の父は、意識はなく、大いびきをかいて眠ったままだった。そして七時三分だったと記憶するが他界した。兄は間に合わなかった。

肉親の死ほど悲しいことはこの世にまずあるまい。僕はそう思った。

それで、グレたんじゃない。

ただ親父の死とバスケットを休んでたのとが重なって……多感な十七歳だったからね。気が抜けたんだろう。

そういう感じだった。僕は親父っ子だったたし、あまりにもあっけない別れだったから。

◆父潔が亡くなった。その喪失感は青春期の裕次郎にとって大きな影を落とした。
父の遺影を挟んで左２番目から裕次郎、兄の慎太郎、母光子。

おふくろに学んだ「芯」の持ち方

僕のおふくろは、明治四十二年の酉年生まれだ。

おふくろは、小さいときから絵が好きでね。将来は画家になろうと、東京芸術大学を志していたんだけど、家から反対されて、それで実践女学校（専門部）に進学したんだ。

親父とは十歳違いで、当時のことだからお見合いで嫁に来たんだけど、とにかく身体が弱い人でね。僕がものごころついたころの記憶では、医者と看護婦がいつも家にいた。

僕が中学から高校へ進学するころ、おふくろは大病を二度し、手術も二年続けておこなっている。

あとで腎盂炎とわかるんだけど、最初の年は病気の原因がわからなくてね。日赤で開腹手術をしても、

「内臓のどこかが癒着してます」

と言うだけで、原因不明と診断された。

ちょうどペニシリンが出た年で、どえらく高くてさ。日本でなかなか入らないのを、親父が手に入れてきて、病院で注射してもらっていたんだ。

翌年、おふくろが再び苦しんで、また開腹手術をしたんだけど、かわいそうに、このとき

も診断は原因不明。だから、親父が脳溢血で急死して、玄関に喪中の張り紙をしたときは、近所の人は、てっきりおふくろが亡くなったと思ったそうだ。

そんな健康状態だから、親父が死んだときは、おふくろがショックと過労で逝くんじゃないかと、僕と兄貴は本気で心配した。

「いいよ、おふくろ、それは俺たちがやるから」

と言って、先に寝かせたりした記憶がある。

でも、それほどおふくろのことを心配していたくせに、慣れっこになると、もう元に戻って大親不孝をやっていたね。

おふくろも、いいおばあちゃんになったけど、昔を振り返ると、やっぱり女は強いと思うな。病弱なはずなのに、いざというときの体力はすごいし、精神力なんか、男よりすごかった。「柳に風」というのとは、ちょっと違う。「ノレンに腕押し」でもない。何て言うのか、見かけは細くてか弱く見えるが、中に強靭《きょうじん》な芯が一本通ってる――そんな女性だった。

デビューして独身のころ、雑誌のインタビューなどで、

「理想の女性は？」

と、よく訊かれたのだけど、僕は、決まって、

「おふくろのような人」

と答えていた。

心底そう思っているんだ。第一に、おふくろは頭がいい。家計のやりくりがうまい。そして、僕から言うのもおかしなもんだけど、子供のしつけが厳格で、しかも上手なんだ。

勉強の方は小さいときの方がよく出来たみたいだった。だんだん適当にという感じになって、別に一番になって東大行こうという気は毛頭なかった。ただ親に迷惑かけない程度にやっていればいいんだろうって……。だからワルくはなかった。要領よくやっていたほうで、ね。高校は、バスケットの関係で、横須賀の県立と慶応高校とから、引っぱられた。県立の場合、逗子にいると鎌倉に帰留しないと湘南高校に行けないし、僕は特にどこでもいいし、なるべく勉強しないですむんじゃないかと思って慶応を選んだ。

入ってみて、すごくいい学校だと思った。

学園という、なんか楽しさみたいなものがわかるような気がしたんだ。なるほどっていう感じで。慶応高校のある日吉に行くと、都会のやつも、地方のやつもいて、いままでより大きなサークルになって、視野が拡がっていくな……という感じがしたね。あの頃の気分、良かった。春って感じがしたな。

昭和二十五、六年かな。当時まだすべてが配給制でクラブの合宿には米持って行ってね。バスケット・シューズも配給で手に入らなくて……。

でも楽しかったなあ、本当に。練習終わって日吉の坂を降りるころ……銀杏並木でね、昔

◆慶応高校時代はバスケットのレギュラーとして活躍（写真後列右・石原裕次郎）。裕次郎にとって最高の理解者で自慢の母、光子だった（写真下）。

はガス燈があって、夕方、メンテナンスのおじさんがガス燈に灯をつけてまわる頃の、黄昏時がすばらしかった。

このころの遊びに行く場所っていうと、中学の頃は横須賀だった。近所の友達とか、兄貴なんかと、映画観に行ったりした。映画っていうと、東京の全線座なんかもよく行ったよ。腰に弁当巻いてね。そのころは、いつでも混んでて、みえないんだ。その頃の映画で、鮮明に記憶しているのが、シモーヌ・シニョレの「乙女の湖」とかジュディ・ガーランドのデビュー作「美人劇場」とか……。よくみえなくても、一日映画館にいてね。それから「海の牙」、ちょっと後では、ジョージ・ラフトとゲーリー・クーパーの「海の魂」とか。「ハムレット」なんかが、中学二年くらいの頃だよ。ほとんど白黒だ。カラーが出てバカバカ観だしたのが、高校に入ってからだ。昭和二十六年頃、一九四〇年代の映画が遅れて大量に入ってきた。

「カサブランカ」とか「歴史は夜作られる」とか……。この頃のものは、ほとんど観たよ。映画好きになったのは、兄貴の感化じゃないかね。今は無くなっちゃったけど鎌倉に市民座という映画館があって、結構いい映画来ていたよ。市民座で印象に残っているのは「陽のあたる場所」とかね。アメリカ映画も高校一、二年頃から変って来たね。僕もやっぱり映画とともに、なんとなく時代を歩んできたという感じがする。

レコードを自分で買いに行ったのは、向こうの映画音楽が入ってきた、やはり昭和二十五、六年かな。いちばん最初の記憶としては、ダイナ・ショアの「ボタンとリボン」「ジプシー」「センチメンタル・リーズン」――ああいったポピュラーもの。ビング・クロスビー、ドリス・デイとか……。

ジャズはもう少し後で、ラジオで、FENを夜の十二時からよく聴いていた。ボリュームを上げるとノイズが入るので、ラジオのラッパのところに耳をつけてね。ジャズ聴きながら試験勉強していたね。面白いのが出てきたなと思ったのが、チェット・ベイカーだった。

高校時代、僕は不良と呼ばれていた。

自由が丘の友達の家に入り浸りで、逗子の家に帰るのは、金がなくなって食い詰めたときだけだった。自由が丘は、慶応がある日吉に近いから便利だし、それに行けば友達が必ず四、五人たむろしていた。金がなくても、四人いれば麻雀ができるからね。ヒマはつぶせる。煙草を買う金がなくても、みんなのシケモクをバラしてキセルに詰めりゃ、煙は出る。金が多少あるときは、自由が丘で映画を観て、もうちょっとあれば、銀座へ出る。さらに、もうちょっとあればナニに行くってわけ。

世間から見れば不良かもしれないけど、当人たちにしてみれば、家に帰らないからといって非行をしているわけじゃない。人が何と言おうが、自分じゃ不良とは思っていなかったね。友達が何人か集まってワーワーやるのが楽しいわけで、自分じゃ、健康的で、模範的な学生だと思っていた。

そして夏になると、連中がドッと湘南の僕の家にやってきて、海で遊ぶんだ。泳いだり、ヨットに乗ったり。あまり学校には行かなかったけど、けっこう要領がよくてさ。要所要所の授業には出席して、ちゃんと点数は取っていたんだ。そのころは、授業には出なくても、バスケットの練習は熱心にやったものだ。

そんな高校生活だったけど、いま振り返れば、高校二年という思春期の一番難しい時期に親父を亡くしたことで、僕はやっぱりすさんでいたのかな。兄貴はもう一橋大の学生で、国立市の大学の寮に入っていて、週末にしか帰ってこないから、平日は、おふくろと、お手伝いさんしかいない。

そこへ僕が食い詰めて帰ってくると、お手伝いさんが僕の顔を横目で睨《にら》みながら、

「奥様、泥棒が入ってきましたよ」

と、嫌味を言うんだ。

僕が金目のものを探して、売り飛ばしちゃうから。

このまま放っておいたら大変なことになると、おふくろも思ったんだろうね。親父の形見から何から何まで、金目のものは一切しまいこんじゃった。

そういう時期が、僕にはあった。

「親孝行してますか？」

と、訊かれれば、

「さあ」

と答えるしかないけど、おふくろとは仲がいいんだ。

ただし明治生まれで、高齢でもあり、僕の職業については、まったく理解できていない人だね。

「裕次郎、無理しなさんなよ」

と言ってはくれるんだけど、何に無理しなさんなよと言っているんだか、こっちがわかんなかったりする。

だけど、おふくろは頭の中は、旧制女子学生だ。いまで言うと、大学出だ。小生意気というんじゃなくて、思想がしっかりしていて、信念というものを持っているんだ。

僕の親父が亡くなったとき、おふくろは四十一歳。若いよね。しかも二人の息子ときたら、十七歳と十九歳。子育ての一番難しい時期に夫に先立たれたわけだ。兄貴は、そのころ学生運動のはしりでね。当時の学生は、みんな左かかっていたから。

そして、僕はといえば、自由が丘の友達の家に転がり込んでいて、夏になればドドッと友達を引き連れて帰ってくる。世間じゃ、不良と呼ばれているわけだ。

おふくろは一人でよく乗り切ってきたと感心するよ。強いよ。僕が信念を持っていたと言うのは、そういうことなんだ。

おふくろの放任主義が僕を救った

親父は酒が好きだったが、僕らが大きくなった頃は、止めていたので、父ととことん酒を酌み交すってことはなかった。見よう見真似っていうか、晩酌のビールを一口もらったのが、エラく旨かったり、歯が痛いって言うと脱脂綿にジョニー・ウォーカーを浸み込ませて痛み止めにしてくれる――確かに麻痺してきくんだけどそれより、あとでその脱脂綿をチューチュー吸うと、旨いんだなあ、これが。そのうち痛くもないのに「いてえ、いてえ」って言ってみたり。そのあたりがアルコールが最初に口に入ったキッカケじゃないかな。

親父の前で呑んだのは中学のとき、バスケットで優勝したり、お正月とかね。こういうときは公認。後に日活に入って、ビール一日何ダース呑むとかいうのは、作られた話なんだ。ただビールは嫌いじゃないから、撮影所の食堂で、朝飯替りに小ビン呑んでたり。食堂の冷蔵庫の中に、僕専用のビールが冷してあった。仕事中に酒呑むのは何事かって言われたけど、「バカ言ってんじゃない、こんなものはアルコールじゃない」ってね。

煙草にしても、親の目盗んで吸うくらいだから、常時携帯しているわけではなかった。吸うようになったのは、父が死んでバスケットやめてからじゃないかな。

親父がお洒落で、体格も大きい方だったから、セーター、ジャンパー、チョッキとかは、昔の本当にいいものを持っていて、それをもらって着ると、ずいぶん友達にうらやましがられた。

父が、僕や兄貴がデッカくなって、男ばかりで家の中が殺伐としていけないってんで、どこからかカシミヤの毛糸を持ってきて、真っ赤なセーターとスカイ・ブルーのセーターをどこかで編ませて、僕らに着せたわけ。僕がそれを着て逗子の町を犬の散歩なんかしていると、女の子もおばさんも立ち止まるんだ。何でだろうと思うと、赤いセーターは、当時としては奇抜というより信じられないことなんだ。学生服の下に着ていて体操の時間に上着を脱いだら、先生から呼び出しくってそんな派手なもの脱げって言われた。慶応ボーイなんて言ってもずいぶん田舎臭いなと思った。逗子にしても所帯の少ない所だから、赤いセーターは、すぐ有名になっちゃった。

それから、海のシーズンになると、東京の友達が来て、一緒に浜辺をひっかきまわすわけ。そういうところからも「石原さんのご長男は真面目だけど、弟さんは……」てなことになったりした。

非行なんていっても、僕らの頃は非行のしようがなくてね。太陽族なんて言われて白い眼で見られたけど、何にも悪いことしてないんだ。

「ちょっとあいつ、なんだ、子供のくせに」って言われるのは、ゴルフのクラブ持ってたり、水上スキーの真似事していたから。不良でもなんでもないんだ。不思議な世の中だったね。

陰性でなかった。いつも太陽カーンと当るところにいたし、まっ、煙草ぐらい吸ったって、そんなものはねえ……良くはないんだろうけど。それと酒を少し呑む程度でね。多少学校サボっても試験だけはちゃんと受けていた。我々のグループは、親に学校までご足労いただくのだけはよそうって、それが唯一の親孝行だったな。

逗子に住んでるのに、夏は仲間と逗子に家借りちゃったりして。それで、そいつらが結構、女の子連れて派手なことするわけ。いま考えりゃどうってことない。高校生の頃、僕はディンギの小さいヨットを、貸しヨット屋さんに預けていてね。明治や中央の大学の連中が海の家みたいなのを開いていて――ワルでね。いわゆる逗子の人間じゃないワル同士で喧嘩したり。そんなことに僕らが介在しているから、土地の人たちの噂になる。でも、ワルっていっても、当時は、のどかなもんだった、今思うと……。

アルバイトなんてのはなかった。兄貴は家庭教師やったりしてたけど、大人が職のない時代だからね。それでも夏なんかヨット屋さんを手伝って日当五百円、日曜やって八百円ぐらいかな。そのくらいだね。あとはもっぱら親をだますしかない。まず月謝を使っちゃうのね。それでその月謝を稼ぐのが、今度はエラく大変だった。成績が悪くて落第スレスレのときね、親に迷惑かけないっていうんで、先生にウィスキーとか葉巻の貢物をね、ＰＸ（進駐軍のマーケット）で買って持って行く。そういう金稼ぐのは麻雀だった。

喧嘩も高校の頃はよくやったな、進駐軍とね。鬼畜米英だなんて言って、喧嘩になるようにしむけるんだ。フェアでなく、五人くらいでハリ倒したりした。一対一じゃ勝てっこない。その頃銀座のバーや横須賀のバーでも進駐軍が八割ぐらいでね。そこでオフ・リミットと黄色に黒字で書いて店に進駐軍を入れない。そうしたら「冗談じゃない」って水兵が入って来る。それで喧嘩。

だけど、おふくろは、僕を放任してくれた。何にも言わない。小言も説教も一切なしでほっぽっておいてくれた。いま思えば、それがよかったんだろうね。

小言や叱責は、言えば言うほど、子供は引いてしまうんだ。水に浮いた油は、つかもうとすればするほど、どんどん引けていってつかめない。それと一緒で、放っておけば、油は必ず隅っこに淀んで溜まってくる。そしたら、掬《すく》い取ればいいんだ。浮いているものをつまもうとするからだめなんだね。

おふくろは、

「どうぞ、引いて、行きたいところへ勝手に行きなさい」

とばかり、僕を放っておいて、隅っこに淀むのを待っていたのかもしれないね。これが、黙って見守るということなんだと思う。

僕は、大学へ進学するとき、おふくろに礼をつくしてから、自分で家に帰った。

大学については、卒業してもサラリーマンだけにはなりたくなかった。それでもサラリーマンになるとしたら、やるだけやるしかないと覚悟はしていたから、焦りはあまり感じなかった。とはいっても、「初任給七千八百円はシンドイな」と贅沢な思いもあった。

高校生の分際

僕に、初恋なんてあったんだろうか――子供のころを振り返ってみて、そんな気がする。戦前は、小学校で女の子と隣同士で席に座っていたのが、戦争が始まったとたん、「男女、七歳にして席を同じとせず」で、まったく別々にされた。初恋もくそもないよね。そして終戦になると、今度は一転して、男女共学という戦後義務教育が始まる。男尊女卑の軍国主義が、いきなり男女同権になっちまって、女が教室に入ってきたわけだ。昨日まで、「お国のために死ね」という教育を叩き込まれていたのが、今度は「女性を大事にしろ」って話だからね。いくら子供だって、急にそうはいかないさ。

しかも即席につくられた中学校で、終戦直後の物がない時代だから、机が足りない。一クラスに半分の人数分しかない。だから僕たち男子生徒は、床に腹這いになって勉強させられたんだ。女を大事にしろってことだからさ。

これに、腹が立ってね。「ふざけるな」みたいな話で初恋どころの騒ぎじゃなかったわけ。

やがて、そういう時代も過ぎて、僕が中学に入ったころには、世の中も少しずつ落ち着いてきてね。三年生のときに、僕はバスケット部を創立するんだけど、同時に女子のバスケット部もつくったんだ。何しろ運動部がない時代だから、男女一緒にやれってことになったわけだ。

　ところが、僕たちが大会で優勝しちゃった。

　男も女も両方が。

　うれしくってね。僕が異性に目覚めたのは、ちょうどこのころじゃなかったかな。男尊女卑の硬派が、積極的に女子に話しかけるようになった。女子も、最初は僕に寄りつきもしなかったけど、だんだんと慕ってくれるようになっていったんだ。

　だけど、特定の女の子とつき合ったりということはない。女の子と二人で街を歩くなんて、ふざけろ、みたいな時代だから。集団でピクニックだとか、そういうのは努めてやったけど、一対一でつき合うなんてことは、まったくなかったね。

　むしろ、あのころ僕があこがれたのは、同級生の女の子じゃなくて、もっと年上の女性だったね。いまの若者は違うかもしれないけど、我々の時代は、女というと、おふくろのイメージが子供ながらにあってね。「おふくろみたいな女がいいな」という思いが往々にしてあるんだ。だから、どうしても年上の女性に目がいくんだね。

　こんなこと言うと、当時の同級生には悪いけど、物のない時代だから、セーラー服に下はモンペだ。いまの時代なら、十四や十五歳にもなれば、身繕いをきれいにするけど、そのころはファッションもないし、色気もないし、面白くもおかしくもないわけだ。

そんな時代でも、女性は二十歳を過ぎると、薄化粧をして、物がないなりにもオシャレして、子供心にきれいに見えるんだね。

電車に乗って、そういうお姉さんを見ると、

（ああ、きれいなお姉さんがいるな）

と、まぶしく見えたり、

（誰かのお姉さんはきれいだな）

なんてね。中学生の僕から見れば、もう〝大お姉さん〟だけど、そういう女性に、ひそかにあこがれたりしたもんだ。

伊豆の大島へは、いまでもヨットでよくまわるけど、上陸したのはこれまでたった一回しかない。

それも、ずいぶん昔——昭和二十七年、慶応高校の二年生のときだった。

当時、慶応高校は二年になると、大島への一泊旅行が必須になっていた。大島行きは授業の一環になっていて、記憶はちょっとはっきりしないが、体育の授業の十何時間分かに相当するもので、行かないと体育の単位がもらえない。

だから病気とか、よほどのことがない限り、全員が参加していた。遠足のちょっと気のきいたもの——そんな感じだと思ってもらえばいいだろう。一泊とはいえ、一学年千人がそっ

くり大島へ移動するのだから、壮観だった。

たちばな丸に乗って、大島の岡田港に早朝の四時半か五時ころ着く。そのあと上陸して三原山に登り、山を下りてから、神社の境内で芸者さんの郷土踊りのようなものを見て帰る——これが日程だった。

要するに、くだらないわけさ。

体育の単位がもらえるから渋々行くのであって、そうでなければ、誰が行くもんか。しかもガキの遠足じゃあるまいし、三原山へは歩きで登る。

もちろん、それが普通なのだろうが、僕たちワル仲間にしてみれば、

「冗談じゃやねぇや」

ということになる。

そこで、僕たちは馬を借りて登った。馬の借り賃が、確か八百円くらいだったかな。慶応高校の年謝が六千円だから、けっこう高かった。

馬の背に揺られて山頂に着くと、日本航空の木星号が三原山に墜落したすぐあとだったので、まだ残骸がたくさん残っていたのを覚えている。

下山するときも、もちろん馬だ。

だから、ほかの生徒よりも全然早く着いてしまった。

出航は夕方なので、それまでたっぷり時間があるが、大島じゃ、することがない。

「じゃ、芸者あげて騒いじゃおうぜ」

ということになった。

真っ昼間から、学校行事で来ている高校生が、芸者遊びをしようというのだから、不良もいいところだ。

しかし、初めての土地なので、どこで遊べばいいのか、場所がわからない。

どうするか。

「わからなければ、駐在所――」

誰かが言って、僕たちは駐在所へ訊きに行った。

おおらかな時代だ。

高校生が芸者遊びの場所を警察官に訊くなど、いまなら考えられないだろう。

大島のお巡りさんは親切な人で、叱るどころか、

「銭湯へ行ってみたら」

とアドバイスしてくれた。

「銭湯ですか?」

驚いて訊き返すと、

「うん。芸者衆が、慶応の学生さんたちの前で踊るというので銭湯へ行っているんだよ。もう出てくるところだから、待っていて訊いてみるといい」

しかも、芸者と素人娘の見分け方まで教えてくれた。もう記憶は定かではないが、アンコかぶりが異なるということだった。椿の花模様が普通の娘さんで、芸者衆は無地の紺で、織り方が縞模様になっている――そんなことだったように思う。

僕たちは銭湯の前で待っていて、芸者衆をふんづかまえて訊くと、白石館とか何とかというところを教えてくれた。

「それーッ」

と、急いで行ってみて、驚いた。

別の慶応グループが先にあがっていて、もう芸者をあげて騒いでいる。

だいたい慶応高校が修学旅行に行くと、現地のお土産屋なんか、三軒ぐらいつぶれちゃうからね。北海道がそうだった。店の品物、みんなかっぱらっちゃうんだから。それも、ズボンとかジャンパーとか。北海道の土産というと、熊の木彫りか何かだけど、そんなの見向きもしないで、洋服をかっぱらっちゃう。めちゃくちゃなんだ。

そういう連中だから、考えてみれば、芸者をあげて騒いていても不思議じゃないよね。

さっそく僕たちは彼らと合流した。

そして、一、二時間ぐらいドンチャン騒ぎでいい気持ちになったところで、芸者さんたちが、境内で踊る時間になった。

「じゃ、一緒に行こうぜ」

ということになって、みんなでゾロゾロと出かけたのである。

マジメな学生たちが三原山から三々五々おりてきて、境内で待っているところへ、こっちは真っ赤な顔して、芸者さんと肩を組んで〝同伴出勤〟ときた。まったく、何しに大島に来たんだか。

それで踊りが始まると、酔っぱらってるもんだから、席の一番前で、

「よっ、何々子」

なんて女の子の名を呼んで掛け声かけてさ。

踊りが終ると、岡田のハーバーまで芸者さんたちと手をつないで歩いて、別れを惜しんだ。

そして、帰京した翌日――。

「おい、石原。残ってろ」

一緒に大島へ行った体育教師から、僕一人が授業のあとで残された。

俺、何かやらかしたっけな、とあれこれ思いをめぐらせていると、

「おまえ、昨日、芸者と手をつないで歩いていたろう」

芸者のことで叱責《しっせき》された。

ただ、不思議だったのは、叱ったあとで、

「それで、手をつないでいた芸者は何て名前だ」

妙な質問だった。

その先生は、まだ若かったから、たぶん焼き餅をやいたんだろう。あるいは、先生は来年も行くだろうから、そのときのために訊いたのかもしれない。

僕が大島に上がった記憶は、それしかない。伊豆七島は、式根とか新島、三宅島なんかには、船で行くからけっこう足を運んでいるけど、大島は近すぎるためにほとんど行かない。当時の写真でもあれば面白いんだけど、僕が学生のころは、写真はほとんど撮っていない。二、三枚あったんだけど、週刊誌とか月刊誌が持って行ったまま返さないから、手元にない。学生服を着た写真が一枚だけあったんだけど、それも、どこかの芸能雑誌が持って行ったきりだ。

身につけたケンカの流儀

学校VS学校――。これが、僕らが高校生のころのケンカだった。学校対決になるのは、たぶん意識として、かつて海兵が行っていた「棒倒し」や「騎馬戦」の延長線上にケンカがあったんだろうと思う。

もちろん乱闘になるし、ケガもする。だけど、学校同士が対峙《たいじ》する前で、番長同士が話をつけて、殴り合いにならないで握手して終わるなんてときは、優越感と言うのか、なんだか自分が大人になったような気がしたものだ。

学校対学校だから、級友の誰もが愛校精神に富んでいた。

何より友情を重んじた。

先生たちのことも、崇《あが》めた。

そういう意味で、学校VS学校のケンカというと、大げさに聞こえるかもしれないけど、少なくとも僕たちの精神は、非常に健康的だったということは言えると思う。

翻って、いまの学校教育を見ると、受験戦争のせいで、先生たちは勉強を教えるマシンになってしまっているね。教育に、まるで血が通っていない。

こんなことでいいのか、と僕は思う。

確かに、六・三・三制の義務教育という制度は、占領統治下ではそれなりに意味があったと思う。だけど、この制度は受験戦争を生み、教師をマシン化させるという弊害を引き起こした。いまの日本の現状を考えれば、やはり六・六制という昔の制度に戻すのがいいと思う。

そうすれば受験制度もなくなり、教師も血が通った教育ができるだろう。

戦後かなりの時間がたって、義務教育というものをありがたがる時代は去ったのではないか。

少なくとも僕は、そう思っているんだ。

占領統治と言えば、高校時代は進駐軍相手によくケンカしたな。

終戦当時は、銀座も立川や横須賀と同じように、進駐軍は横暴だった。女性の問題とか、飲食店で支払いをめぐって問題を起こすとか、ワルがかなりいて、そういう光景を見ると、僕はカッとなる。

だけど一対一じゃ、かなわない。相手は日本を占領した進駐軍であり、しかも高校生の僕たちとは、体格からして全然違う。ケンカしても、勝ち目はまったくないと言ってよかった。だから、僕たちはグループでやった。店の裏に連れ込んでブン殴るんだ。これなら勝てた。思えば、ずいぶんひどいことをやったものである。

僕のケンカは、いつも弾みから始まる。

ちっちゃいときからそうだった。

ここ一番、男気に感じて、「よーし」――などというケンカはない。青春時代は、性体験ばかりしていたんだから。

それに僕は、負けるケンカは絶対にやらない。

負ける、ヤバイ、と思ったら、

「やあ」

ニッコリ笑顔だよ。だって嫌だもん。負けると、ブン殴られて、痛いじゃない。だから、負けると思うような相手とはケンカしないわけ。

小学校時代、チビってあだ名の友達がいた。あだ名のとおり、すごくちっちゃいんだけど、先天的に運動神経が抜群で、小学校の一、二年で鉄棒の大車輪をやるし、すごいんだ。チビが鉄棒をやり始めると、学校中、みんなが見に来ていた。それぐらい上手だった。

騎馬戦をやっても、身体がちっちゃいから、担ぐのも楽だし、こまわりもきくし、スピードも出る。しかもチビはすばしっこいから、パッと相手の帽子を取ってしまう。もう、英雄になっちゃう。

チビは野球もやって湘南高校から早稲田に進学した。早稲田では、野球解説やっている佐々木信也の一級下だ。ポジションはショート。入学したときからずっとレギュラーで、後にキャプテンになった。

このチビは、いざケンカをやらせると強かったね。やっぱりケンカは、生まれ持った才能と言うのか、運動神経が大きくものを言うんだ。

僕は、集団でいる人たちとは、なるべくケンカしない。一匹どっこいなら、たとえ負けても一発殴られて終わりだけど、相手が集団となると、そうはいかない。群集心理が働くからね。だからヤクザなんかとは、ケンカはやらない。

こういう連中に対しては、ケンカなんかしないで、

「やあ、今日は」

ニッコリ笑顔だね。

◆慶応大学入学、そのカッコ良さから横須賀線で最も女の子達に騒がれた。

ただ僕の場合は、ケンカ馴れしているからね。相手によって出方を変えられる。

一度、こんなことがあった。

大人になってからだけど、新橋で兄貴と一緒のとき、兄貴がタクシーの運転手とケンカになった。

兄貴がヤバイ、と思って運転手を一発ブン殴るや、兄貴の腕をひっつかんで、すぐにその場から逃げた。

僕のケンカは実践を積んでいるから、

「やっちゃえ!」

「逃げちゃえ!」

パッパッと状況に応じて切り替えがきくんだ。

兄貴なんか、

「もうちょっと、やりたかった」

って、あとで言ってたけど、こういうのはマズイんだ。

相手をぶっ飛ばしたからといって、カッコつけていつまでもその場にとどまっているのはケンカの素人《トーシロ》。相手の応援が駆けつけてきたり、警察に通報されたり、ろくなことがない。

ケンカの要諦《ようたい》はヒット&ラン。ブン殴って、すいすい逃げちゃって、もう早い、早い。「逃げるが勝ち」というのが、一番強いんだ。

日活に入ってからも、ずいぶんケンカはやった。進んでやったわけじゃなく、ここでやんなきゃ、カッコつかない、という場面で、よくやった。

ギャラリーが多いとね、すぐにやってしまうんだ、単純だから。

もう少し、人がたからねえかな、なんて思いながらケンカしたこともある。かなり周囲を意識してケンカをやっていたんだね。

ただ、スクリーンでのケンカシーンには、まいったね。映画を観ている人は、カッコよく立ち回っているように見えるんだろうけど、実際には殴らないで、殴る格好をするというのはしんどいもんなんだ。

それに映画の主人公はカッコよすぎるよね。僕たちは相手が二人いたらケンカはしないで逃げちゃうよ。勝てそうだと思ったらやる。そういうケンカ。

ところが映画は一人で五人も六人も相手にして、カスリ傷しか負わないんだから。そんなケンカ、ありえないと思いながら演技していたんだ。

色気がついてくると、背広の一着も欲しくなってくる。

いまの時代なら、店に行きさえすれば、背広はもちろん、靴下から何から何までそろっているし、サイズも豊富だ。

だけど、僕たちの時代には、サイズがどうのどころか、品物自体がなかったんだから。洋服が欲しければ、親父のものを直して着る。ベルトがなければ、自分で作ったさ。そのベルトも、ビニールが出始めて、それが一時期ずいぶん流行したけど、僕はカッコつけるから、ビニールはしなかった。

当時の僕は非常にオシャレだったから、ベルトもひと工夫したね。浴衣の生地の面白いのが、ちょうどアロハシャツのような感じの模様になるので、それを親父の古い革ベルトに巻いて、ミシンをかける。そうすると、モダンな柄のベルトができあがるというわけだ。

夏はベルトが直に見えるから、そのベルトをして歩くと、ファッションにはうるさい銀座あたりでも、イカしてる、という目で、みんなが見たものだ。

物がなければないなりに、モテようと思って、自分だけのものを考えたものだ。

兄貴がいなかったならいまの僕はない

兄貴は、僕の尊敬する人物の一人だ。

小さいときから、そうだった。

遊びのことでも、スポーツのことでも、試験勉強のやり方でも、兄貴の言うとおりやれば、まず間違いないと思っていた。こうなると、もう一種の信仰だね。だから、あいつの言うことはよく訊いた。いまでもそうだ。

だけど、僕もおふくろも、兄貴が『太陽の季節』で芥川賞をもらったときは、正直驚いたよ。だって、兄貴がものを書く姿なんて、一度も見たことがないんだから。絵を描いている姿ならよく見ていたけど、原稿用紙に向かう姿は、まったく知らないんだ。僕はともかく、おふくろが、原稿用紙のゲの字も見たことがないと言うんだから、小説は一橋大学の寮に入ってから書き始めたはずだ。

それしかあり得ない。

だから兄貴の小説は、才能が書かせているのだと思う。

だけど、意外に思うだろうけど、作文は僕のほうが全然うまかったんだ。映画を観て、その内容を説明したり、描写したりというのは、僕のほうがセンスがよかった。

だからガキのころなんか、

「兄貴、今日、僕が観てきた映画は――」

なんて説明を始めると、兄貴はすごく喜んで、

「おまえが話すと、ストーリー展開が、実際に観ているようにわかる」

と言って感心したものさ。

夜、電気を消して、兄貴と二人で布団に仰向けになって、僕が話をするんだ。何しろ僕の

〝ストーリー〟は、映画を観に行くために、僕が学校をサボってズラかるシーンから始まる。

　これ、イントロだね。

　そして、本題の映画の話になって、最後は、学校サボったことが親父にバレて、僕がぶっ飛ばされるところまでいく。そういう描写は、自分はかなわないと思っていたんじゃないかな。

「もし、お前が本格的に小説を書いたら、もう太刀打ちできないと思った」

　と、兄貴が言ってくれたことがあるんだけど、それは兄貴のお世辞だったろうと思う。物の見方というのは人間によって違うから、話し手によって面白かったり退屈したりする。話をして面白いからといって、それを文章にして書いて面白いかというと、それは別問題なのである。


　僕たち兄弟が共通しているのは、怠け者ということだ。

　だけど、兄貴は気が短い。普通、長男というのはおっとりしているものだけど、とにかく兄貴はじっとしてられない。一日の時間を区切っていて、たとえばテニスに行く時間になると、何をしていてもパッと着替えて、出かけていく。

　そして、

（あれれ？　帰ってきたはずだけど……）

◇『太陽の季節』で芥川賞を受賞した石原慎太郎。
この受賞が兄弟のその後の運命を大きく変えていく。

と思っていると、もうヨットの格好をして油壷へ行っちまってるんだから。

僕なんか、ヒマだから一杯飲もうか、なんてデレデレしているけど、兄貴にはまったくそれがない。

だからヨットレースなどで海外へ一緒に行って同じホテルに泊まると、うるさくてしょうがないんだ。ホテルの部屋で、こっちはパンツ一枚でドテーッなんてベッドに伸びている最中に、兄貴はさっさと着替えて、

「メシ、どこに食いに行く?」

「いいよ、勝手に行けよ。まだ早いじゃないか」

なんてやっているわけだ。

あるいは、

「今日はレースがないから、飛行機をチャーターして、マイアミのどこそこへ飛ぼうぜ」

なんて言ったりするときは、もう勝手に予約してきている。

「いいよ、俺は。今日は寝てるから」

断ると、兄貴は女の子なんか連れてきて、ビュッと行っちゃう。とにかく落ち着かないんだ。

だから、そういう意味ではマメだけど、どっちかというと仕事は僕に似て怠慢だよ。遊ぶことは率先するけど、何か頼むと、嫌な顔をするもの。ニッコリなんて絶対にしないね。だ

から秘書がみんなピリピリしてるんだ。

兄貴が原稿を書くスピードは速い。

左利きで、アラビア文字を縦にしたような字を書くんだから、誰も読めない。僕も読めない。兄貴から来たハガキは読めないんだから。

でも、兄貴から作家になったころは、僕が清書していたんだぜ。原稿用紙一枚十円でね。僕のあとは、兄貴の嫁さんがやったりしていた。

そういえば、原稿用紙に書かないで、テープに吹き込んでいたこともあったな。連載小説をやっているときだったと思うけど、テープレコーダーを手に持って、逗子の自宅の庭をうろうろ歩きながら、

――何々子は、そう言った。

などと、ブツブツ言っている。

「何やってんだ?」

と聞いたら、原稿をテープに吹き込んでいるんだって。ゲラになって返ってきたやつを見て直すというわけだ。

このあいだ兄貴に会ったら、「本を書きたくてしょうがない」と言っていた。いま政治家として時間がないからだけど、ゆっくり時間をかけて書きたいテーマがあるんだろうね。

「書けばいいじゃねぇか」

と、僕は無責任に言ったんだけどさ。

僕が映画界に入る一年ほど前だ。

ウチの兄貴が芥川賞を受賞した『太陽の季節』が映画化されることになったんだけど、さて、原作料をいくらにしたものか。

「うん十万円でどうかな」

兄貴が僕に相談した。

「さあ、それはどうかな」

と、僕は首をかしげる。何しろ二人とも初めてのことなので、勝手がわからない。兄貴も人がいいし、学生だし、一人で話し合いに行かせるのは心配だ。

「じゃ、俺も一緒に行くわ」

ということで、日活の企画室がある日活ホテルへ、僕がついて行くことになった。

日活ホテルは、有楽町のニッポン放送のそばにあってね。九階建て。いま九階建てなんて、どってことはないけど、当時は銀座・日比谷界隈でただ一棟、日活ホテルだけが聳《そび》えていたんだ。このホテルが建った当時、僕はまだ高校生でね。物珍しさから、このビルを見に逗子からよく来たものだ。

その日活ホテルへ兄貴について行って、企画室へ入って、まず驚いた。広い応接間にしゃれたファニチャーがポンとあって、もう空間だけの応接間で、オフィスはさらにその奥にあるんだ。

（こりゃ、素晴らしい会社だな）

と、まず思った。

それから企画室のおっさんが二人出てきて、

「バーへ行って、飲みながら話をしましょう」

と言って、オフィスの一階上にあるバーへ案内してくれた。

これが、またすげえんだ。吹き抜けになっていて、酒がズラリと並んでいる。こんな光景、初めてだった。

いま見れば、たいしたことはないんだけど、当時、高校生の僕にしてみれば、

「すげえ」

の一言だった。

そこで一杯やりながら交渉が始まって、何となくうまくいったんだけど、このとき僕は思ったものだ。これからの時代、こういう会社がどんどん伸びていくんだろうと、何となく、イメージでそう思った。

（こういうビルで働く人は近代人だ。まあ、将来は心配ねぇな）

と。

まさか、その日活へ自分が役者として入ることになろうとは、このときは夢にも思わなかった。

第二章　運命の岐路

特技は時として身を助ける

僕とヨットの出会いは、昭和十八年、小学校四年生のときだった。

日本は戦争の真っ最中で、シンガポールを陥落させて破竹の勢いだった日本軍も、このころから次第に劣勢になりつつあった。

物資が不足して配給制度になり、米もなくなり始めていたが、それでも僕たちは、日本が戦争に負けるとは夢にも思っていなかった。「本土決戦」が叫ばれるのはもう少しあとのことで、逗子の海岸では、のどかにヨット屋が営業していた。

そこで働いていたお兄さんが、僕を初めてヨットに乗せてくれた。

青い空の下で、白い帆が初夏の風をいっぱいに受けて、海面をすべるように走っていく。

気持ちよかったね。気分、爽快で、

（ヨットって、こんなに面白いものだったのか）

と、すっかり虜《とりこ》になった。

ヨットと僕と、二人三脚の人生は、思えばここから始まったんだね。

アルバイトをして、初めて自分でお金を稼いだのもヨットだった。

高校時代の夏休み、ヨット仲間と、逗子の浜のヨット屋さんで働いてね。日給は平日で五百円。客が立て込む日曜日になると、八百円もらえた。

これはバイト料としては高給で、このころの五百円が、どれだけの価値があったかと言えば――僕は、すぐこんな変なことにたとえるから品がなくなっちゃうんだけど――五百円あれば、横須賀あたりの安い遊郭へ上がって、いわゆる〝チョンの間〟をやって、帰りにカレーライス食って、往復の電車賃とバス賃まで軽く賄えた。僕が通っていた慶応高校の年謝が六千円だったことを思えば、五百円の値打ちがどれほどのものか、おわかりいただけるだろう。ヨット屋さんに、僕が父から買ってもらったクラスAタイプのディンギーという小さなヨットを置かせてもらってね。バイトの合間にそれに乗って遊んでいた。

好きなヨットでお金がもらえる――こんな楽しいことはなかった。


それから数年たって、日活からアルバイトの話がきた。

ロケを手伝ってくれと言う。バイト料は三万円。こいつは悪くない。

「三万円だってよ」

「そんじゃ、やるべえか」

そんな調子で、友達とこの話に飛びついた。

これが『太陽の季節』だった。

友達は山本ケンちゃんという、葉山の森戸海岸の鍵屋旅館という明治の初めからあった古い旅館の何代目かの倅で、春休みに「太陽の季節」を手伝ってくれという話があったので、彼と二人で手伝ったんだ。芥川賞をとった「太陽の季節」を、日活のプロデューサーだった水の江滝子さんが映画化することになって日活のスタッフが、湘南にロケーションにきたんだが、彼らには湘南がわからないんだ。「油壺」なんて言ったって、「何の壺ですか」みたいな話でね。

それで小説の舞台になったところへ、監督の古川卓巳さん、亡くなった名カメラマンの伊佐山三郎さんなんかを連れていった。ヨットのことも知らないから、ケンちゃんと二人でヨット屋に交渉して、結構サヤ抜いたりしてね。

それから方言指導もやったよ。僕らが使っている学生言葉というのがあって、今でもやっているバンド言葉みたいなものなんだ。符牒的な、いわゆる逆さ言葉でね。これが映画屋さんに通じない。「それ何ですか」「それは面白い」――ということで脚本の台詞を書きかえさせて、指導したんだ。

クランク・インは新橋のフロリダで、ダンス・パーティ・シーンからだったね。長門裕之君以下、学生役の台本読みやるわけだが、「イカしてんだよ」「イカスって何ですか」——年齢は変わんないのに、ずいぶん遅れてんな、と思った。でも徹夜の撮影につき合って、映画って面白いことやるんだなあと思った。

最初は、湘南ボーイが使う〝学生言葉〟の指導だったけど、それが終わると、長門君と南田洋子ちゃんがヨットを走らせるシーンの吹き替えを、僕と友達とでやった。まさにヨットが取り持ったバイトであり、この作品によって僕は映画界に進むことになるんだから、ヨットが僕の人生を決めたということになるんだろうね。

僕が洋子ちゃんの役だったから、借りてきたネッカチーフを頭にかぶってヨットに乗りこんだ。

ウデの見せ場だ。

帆に風をいっぱいに張って、葉山の森戸海岸沖をピューッとカッコよく走らせた。

それから数日後、スタジオで編集前のラッシュというのを見せてくれるというので、期待してスタジオに入った。

ところが、これが大ロングのショットで、しかも逆光になっているんだ。ヨットがピューッと走ってはいるけど、逆光でキラキラ光っちゃって、誰が乗っているんだか、わかりゃしない。もっとも、わかったんじゃ吹き替えにはならないんだろうけど、僕としては、ちょっとガッカリしたね。

◆昭和30年８月23日。ヨットレースに参加。レース終了後逗子の沖を一人で帆走。

湘南での撮影が始まると、ヨット屋の倉庫借りたり、ヨットのロープの結び方、担ぎ方を教えたりしてワアワアやって楽しんだ。それをカメラマンの伊佐山さんが、ミッチェルのルーペ通して見ていてね、後日談だけど、水の江さんを呼んで「このファインダーの向こうに阪妻（阪東妻三郎）がいるよ」って言ったそうだ。僕はまったく知らないのだが、阪妻さんのデビューの頃って強烈なイメージだったらしい。伊佐山さんは田坂具隆さんとコンビを組んでいた名カメラマンで、その言葉がなかったら今日のぼくがあったかどうか……。

それで水の江さんに「途中だけどお前さん、学生役で出ないか」って言われて、兄貴が「そりゃ面白い。俺がシナリオにつけ加えるから、是非やれ」ということで、拳闘部員の一員として出たんだ。もう半年くらい撮影済んでいたんだけど、「クロース・アップ一回撮れ」って条件をつけた。そうすれば学校でハクつくじゃねえか、と。ボクシングのシーンか何かで伊佐山さん撮ってくれたんだ。

それにしても三万円というバイト代は破格だった。

しかも、こき使われるわけじゃない。逆だ。こっちが威張っている。

監督、カメラマン、製作主任を僕たちが引き連れて、

「ここが油壺だ」

とか、

「これが何フィートのヨットで何とかで……」

ああだ、こうだと〝指導〟する。

かと思えば、撮影用にモーターボートの手配もした。

昭和三十一年と言えば、クルマですら高嶺の花だ。レジャー用のモーターボートなんか珍しかった。まして、水上スキーをやるヤツなんか、いやしなかったけど、それを僕たちは顔で引っ張ってきて、彼らに払う謝礼のピンハネをやったりね。そんなことをしたものだ。

（映画ってのは、ノンビリして案外いい商売だな）

とは思ったけど、僕としては映画に出演する興味はまったくなかった。

女性を見る眼を養う

あれは、僕が高校生のときだった。当時、高校生のヒマつぶしというと、映画しかなくて、僕は映画ばっかり観ていた。話題の映画なんかは、都心の封切り館に出かけて行ったけど、そうでないものは、逗子に新しくできた映画館で観ていた。下らない映画だろうが何だろうが、三本立てでも何でも手当たり次第に観ていたんだ。

そのとき観た映画に――タイトルは定かじゃないけど――『大阪マダムと東京夫人』というのがあった。

これに出演していたのが、ウチのカミさんだったんだね。

昔の映画女優というのは、山田ベルさん（山田五十鈴）じゃないけど、うりざね顔で、白塗りで、ぽちっとして云々というのが、だいたい日本美人とされていてね。そして男の、俳優は、鼻筋はもちろん通っていて、目がちょっとでっかいくらいで、やっぱり色白で、背が高くなく、いわゆる二枚目ちょっと厚塗り――これが美男子だった。歌舞伎からのイメージだね。

ところが映画で観た彼女は、そういう旧来のイメージとまったく違っていた。すごく新しい感覚の女性――僕の眼には、そう映った。

だけど、そのときは、

（へーえ）

と思っただけで、その女優の名前も知らず、それっきり忘れてしまっていた。

それからしばらくして、岸恵子さんの『君の名は』が大ヒットして、さらにその第二部が製作された。

あれは、確か日比谷の映画館だったと思うけど、その『君の名は』の第二部を見に行ったところが、

（あっ、前に観た女優だ！）

彼女が出演していた。

アイヌの女役でね。織井茂子さんが歌う『黒百合の花』をバックに、裸馬に乗って出てく

る野性的な彼女を見て、

（これだ！）

と思った。

特に、役がよかった。いま考えれば、彼女がそういうキャラクターに合っていたから抜擢されたんだろうと思うけど、とにかくすげえ新鮮と言うか、いままでのパターン化された映画女優とは全然違ったカラーに見えたわけだ。

たとえて言えば、

（日本の戦争は、もう終わったんだな）

と、そんな思いを抱かせる女優だった。

当時、日本は『君の名は』一色でね。日本中が主人公の「真知子」「春樹」に熱を上げていて、僕たち慶応高校の「太陽族元祖会」のメンバーも「真知子」に熱を上げて、

「あれに似た女を探そうぜ」

なんて言って、新宿なんかに出ていってナンパしたものだ。

「真知子」のようないい女がいるわけないんだけど、それらしい女を見つけては、

「あっ、真知子さんだ」

と言って、声をかけていた。

それほど「真知子」に日本中が熱狂していたんだけど、僕は、そうじゃなくて、

「真知子より、アイヌの女のほうがいいぜ」

と言っていた。

この映画を観て、僕は彼女が「北原三枝」という名前であることを知るんだ。

それからしばらくして、逗子に日活の直営館ができた。

こけら落としに、安井昌二と、松竹から日活に移った北原三枝が来るという。高校生の僕としては、実物の北原三枝を見る絶好のチャンスだったので、こけら落としに行くつもりでいた。

だけど一方で、こんな田舎に挨拶に来るくらいなら、大した女優じゃねぇや、という思いもあった。

そんなところが、僕にはあるんだ。

結局、行かなかった。

ところが、たいした女優じゃないと思った僕が大きな間違いで、日活へ移ってからの彼女は大活躍じゃないか。日活の主演映画を、バンバン撮り始めた。作品だって、内田吐夢さんの——ちょっと、ど忘れしちゃったけど——良質で評判の映画にも出ている。日活が他社から引っこ抜いたスターの一号が北原三枝で、そのあとが南田洋子さんとか、月丘さんとかで、いづみちゃん（芦川いづみ）なんかずいぶんあとだった。

日活は、北原三枝がスター女優だから、どんどん使う。『銀座二十四帖』とか、市川崑さんの『青春怪談』とか。この映画は都会的で、すごく面白かった。あれで、松竹から芦川いづみが日活デビューだな。

これらの作品で観る北原三枝は、とってもいいんだけど、日活は、どんな映画にも彼女を出演させるんだね。『秋葉の火祭り』なんて映画は、マキノ雅弘監督が、彼女に指を詰めさせちゃうんだから。

北原三枝を使いすぎる。

こんなことじゃよくねぇな、日活は、と思ったものだ。

僕は、もともと女優や芸能人には、あこがれなんか持たない人間だったけど、彼女には惹かれた。

要するに僕は、北原三枝のファンだったんだ。

そもそも『太陽の季節』は学生言葉と、ヨットの指導でバイト参加したものだ。そこでプロデューサーの水の江滝子さんの目にとまって、途中から主人公の友人役で僕は出演した。

これが、僕が映画界に入るキッカケだね。

だから、もし僕が映画俳優を志していた人間であるなら、ハッピーなサクセス・ストーリーになるんだろうけど、映画は、観るのは好きだけど、出たいと思ったことは一度もないんだ。まして、それを職業にする気なんか、毛頭なかった。

だから、『狂った果実』の主演が決まったときに、僕は水の江さんに言ったよ。

「これから先、映画なんかやる気がないんで、金は一銭もいりません」

ギャラがいらないと言った主役は初めてだろう。水の江さんも驚いたり、あきれたりだったろうけど、日活としてはノーギャラというわけにはいかないと言う。それはそうだろう。会社としては、そうはいかない。

それで、主役だけど新人ということで、ギャラは二万円。源泉引かれて、手取り一万八千円ということになった。

そのとき撮っていた『太陽の季節』のバイト料が三万円。遊び半分でやって三万円もらった僕が、一カ月も拘束される主役をやって、手取りが一万八千円。こんなギャラ、仲間と一晩で飲んで、しかも足が出てしまった。

だけど、金のことはいいんだ。

僕としては、日活に入れば北原三枝に会える——そういう期待があった。

だから、水の江さんにも、

「僕、北原三枝のファンなんだから会わせてよ」

と、念を押しておいた。

そして、期待に胸をふくらませて日活撮影所に行ったところが、肩すかし。

北原三枝は、新藤兼人監督の『流離の岸』の撮影で、山口県に長期ロケに行っていて会えないという。

もうガッカリだったけど、ロケでいないものはしょうがない。引き続き『太陽の季節』のロケに参加していた。

それからしばらくして、北原三枝が帰ってきたというので、水の江さんに正式に紹介される。『太陽の季節』のロケ現場に来てくれたんだ。あこがれの女性に初めて会って、ご挨拶などしたんだけど、別にガタガタあがることはなかった。

やっぱり、なかなか清純でね。そりゃ、清純だろう。彼女が二十二歳で、僕が二十一歳だもの。僕が抱いていたイメージと、ちっとも変わらなかった。

彼女が出演した『秋葉の火祭り』も、映画としてはよかったけど、なんて仁義なんか切るような役は、やっぱりこの人には似合わないんじゃないかな、と思ったものだ。

「お控えなすって」

あとで知ったんだけど、彼女は次の『狂った果実』で、石原裕次郎という無名の、しかも映画は素人の大学生と共演すると聞かされていて、不安に感じていたんだそうだ。どうも、それで、挨拶かたがた様子を見に来たらしい。

だけど僕は、そんなことを彼女が思っているとは夢にも思わないからね。

(やっぱり、思ったとおりの女性だった)

と、感激したんだ。

一方的な契約で縛るのは時代遅れ

僕は大映に入る予定だった。

というのは、日活と喧嘩して大映に移った監督の市川崑さんが、『処刑の部屋』は、どうしても石原裕次郎で撮りたいと言い出したからだ。

実は、『処刑の部屋』は川口浩が主演する予定になっていた。

だけど、あのころの川口は、身体が小さいし、大作家・川口松太郎のボンボンということもあって、〝処刑〟の撮影には耐えられないのではないか――それが市川崑さんの懸念だった。その点、石原裕次郎ならピッタリだ、というわけだ。『太陽の季節』で僕のことを見ていて、そう思ったんだろう。

ただ、市川崑さんが言うには、

「映画というのは契約があるから、俳優はそれに縛られてしまう。だけど日活は、できたばっかりだから、非常にフリーなところがある。そういう意味では、新しい人が育つには日活のほうがいいかもしれないけどね」

というサジェスションをしてくれた。

要するに市川崑さんは、

「自分としてはキミで撮りたいけど、キミの将来を思えば日活のほうがいい」

と言ってくれたのだ。

ありがたい言葉だった。

そして、このサジェスションを頭の片隅に置いて、大映の常務に会った。

「新人は三年契約だ」

常務は言った。

(市川崑さんが言ったように、俺を縛る気だ)

と思った。

それに僕は当時、慶応の法学部法律学科の学生だからね。法律を知らないわけじゃない。

「そんなのはねぇよ。法律では、一年しか束縛できないことになっているんだぜ。三年なんてのは違法だ。口約束もできないし、ましてサイン捺印なんて時代遅れ。ナンセンスだ」

と、突っぱねた。

大映の常務にしてみれば、いくら市川監督が気に入っているからとはいえ、映画界では無名の――いや、まったくのシロウト大学生だ。小生意気なガキだと思っただろう。

だけど僕にしてみれば、エラい人がそんな古いこと言っているような大映じゃ、入るわけにはいかない。三年契約なんか結んだら、何をやらされるかわかったもんじゃない。場合によっては、大学へ通えなくなることだってあるかもしれない。大学へ通いたいと思っていたわけじゃないけど、拘束されそうな気がしたのだ。

それで大映を断った。

だからもし、僕があのとき契約書にサインしていたら、主演デビューは『処刑の部屋』になっていたろうし、その後の映画人生は変わっていたろう。

いや、映画人生どころか、人生そのものが変わっていた。

北原三枝との共演もなく、したがって彼女との結婚もなかった。

いま振り返れば、人生を決めた一瞬であった。大映入社を断ったことで、主役の話は流れた。

僕は映画出演には興味がなかったけど、兄貴が、どうしても僕を主役にした映画をやりたがった。

で、兄貴が言ったよ。

「だったら、俺が作品を書くのがいちばん早いじゃねぇか」

それで書いたのが『狂った果実』だった。

逗子の鍵屋で、一晩か二晩で書き上げた。湘南の海を舞台に、一人の女をめぐる兄弟の確執だ。「兄」が「弟」の女を寝取ってラストで弟にモーターボートで轢《ひ》き殺される——そんなストーリーだね。

僕が、脚本を読み終えてから、

◆19歳の夏、逗子の海水浴場にて。
野性味あふれる雰囲気と身長182cm の身体はひときわ目立った。

「で、俺はどの役をやるんだい」

と、兄貴に訊いたら、

「もちろん弟役だ」

と言う。

〝弟〟は眉目秀麗《びもくしゅうれい》で、外人のオンリーに可愛がられるような少年だ。

「バカ野郎、兄貴。〝弟〟は美少年だぜ。俺が美少年かよ」

と抗議したら、兄貴も、

「そうだよなあ」

と首をかしげながら、

「しかし、おまえがやるなら、弟役しかないだろう」

「じゃ、兄貴役は誰にするんだい」

「三國連太郎さんだ」

「兄貴、悪いけど、三國連太郎さんじゃ……」

役者としては素晴らしくても、太陽族をやるにはイメージ的に無理がある。それで三國連太郎さんの起用はやめて、兄貴役を探した。

東宝にいた佐藤允《まこと》君も候補にあがった。兄貴は気に入ってたけど、佐藤允君が「兄」で僕が「弟」じゃ、まるで猿の兄弟だ。

「そんなの、だめだ」

と、僕が反対して、これも白紙に戻した。

そんなある日のこと。長門裕之君がウチへ遊びに来た。長門君は『太陽の季節』で主役をやったことが縁で、よく家に遊びに来ていたんだけど、たまたまその日、一緒に連れてきたのが、長門の弟だった。

「いくつだい？」

「十六歳です」

「高校は？」

「早稲田です」

ちょうど四月で、雅彦ちゃんは早稲田実業に入学したばかりだった。手に鞄を持って、長門にくっついて来たんだ。

このとき僕は雅彦を見て、

(彼を弟役にしたらどうか？)

と、閃《ひらめ》いた。

さっそく兄貴に、

「弟役にいいのを見つけたぜ」

「誰だ」

「まあ、とにかく会ってみなよ」

そんなやりとりがあって、兄貴と雅彦ちゃんを日活ホテルで僕が引き合わせた。

「よし、これだ！」

弟役はその場で津川雅彦に、そして僕は兄貴役に決まった。

まだ子供だった雅彦ちゃんは、何が何だかわからないまま、早稲田実業に通っただけで、ウチの兄貴に役者にさせられてしまったのである。「津川」という芸名は、『太陽の季節』の主役の名前が「津川」だったことから兄貴がつけた。兄貴は津川雅彦の名付け親でもあるわけだ。

だから、雅彦ちゃんは、いずれ役者になったかもしれないけど、あんなに早くしてチャンスを得たのは、ウチの兄貴のお陰なんだな。もう、ずいぶん昔のことだから、そんないきさつは誰も知らないけどさ。

ともあれ、津川雅彦を見つけたお陰で、僕はいい役の「弟」から、弟の女をかっぱらって弟に殺される〝悪役〟の「兄」に代わったというわけだ。

だけど、この「兄」というのは、僕から見てもイヤなヤツなんだけど、実はウチの兄貴がこの作品を書いたときから、僕は「弟」より「兄」の役のほうが面白いと思っていた。

主役は、やっぱり殺される「兄」だ。「兄」が面白くなければ、あの本はまったく意味がない——そう思っていた役でもあった。

そういう意味では、納得して悪役デビューをしたわけだけど、あの映画で、僕は、湘南の好青年のようなイメージを持たれてしまう。「最悪の悪役」にもかかわらず、作品ではキャラクターがうまくデフォルメされていて、健全で、いい役みたいに描かれている。面白いもんだね。

下はズボンで上半身は裸。僕がベッドの上で煙草をくわえ、ネグリジェの北原三枝がカメラの正面を向いている——。

斎藤耕ちゃん（耕一氏。元映画監督）が撮った『狂った果実』のスチール写真で、キネマ旬報や雑誌によく使われていた。

これが斬新だというので、ずいぶん話題になったものだけど、そのころは、何でもかんでも、石原裕次郎が出りゃ、斬新に見えたんだろうね。あのころの映画界は、映画屋さんだけじゃなく、雑誌にしても何にしても、やっぱり相当古かったんだね。

だから、斎藤耕ちゃんのスチールをすげえ誉《ほ》められ、あれを誉められ、これを誉められの〝誉められづくし〟で、肝心のムービーのほうのキスシーンというのは、覚えていないんだ。

「弟」の彼女を盗って殺される役だから、恋に燃えて、という素敵なラブシーンじゃないことは確かだ。たぶん、強引に犯しちゃうとか何かだったように思う。

ベッドシーンもあった。

ただ、このベッドシーンに関して、

《ウブな石原裕次郎がガタガタ震えていた》

といった内容の記事が出たんだ。『キネマ旬報』とか『映画ファン』とか『スクリーン』とか、僕がすげえウブみたいに書いてある。

日活が仕掛けた宣伝だったのかどうか、よくは知らないけど、ガタガタ震えるような、そんなしおらしい僕じゃないよ。

逆なんだ。嬉しくて嬉しくて、

「おい、俺は北原三枝とラブシーンを撮るんだぜ」

友達に吹聴しまくった。

「本当かよ、おまえ」

「ああ、本当だ。みんな見に来いよ」

それで友達十人くらいが、撮影当日、スタジオにやって来た。だから僕がガタガタ震えたなんてことはなくて、むしろ逆にカミさんのほうがテレたんじゃないかな。

僕は開き直っているから、友達がいてくれたほうが心強い。

(俺の友達の数、スタッフの人数と変わらねぇな)

と、思うと気が強くなる。

しかも、ラグビー部とかレスリング部とか、首がぶっとい猛者《もさ》が何人も見ている前で、僕はカミさんと初めてのラブシーンを撮ったのだった。

(僕たち、一緒になるんだろうな)

このとき、ふと、そう思った。

昭和三十一年の春のことだ。

優等生よりも可能性を秘めている不良がいい

それから以後、日活は北原三枝と僕をコンビとして売り出していく。

それが僕が映画界に入った実話だね。何本かやっているうちに田坂具隆さんという巨匠の「乳母車」に出演して、監督にもエライ人がいるなあって思った。

田坂さんは、いちばん僕を理解してくれた。古川監督も大人だったから理解してくれたんだけど、自分と同じレベルに落として僕のジェネレーションになり切ろうとするから、どこかに無理が出ちゃう。中平康監督にもそういうところがあったね。大人の眼で僕らのことを包むように見てくれたのは田坂さんだった。

太陽族って言うとワルそのものみたいだけど、台本読みのときでも目上の人を敬うし礼儀正しいし、口のきき方もちゃんとしてたし、そういうことが田坂さんにはいい印象を持ってもらったみたいで、とってもいい青年だって言われたね。

石坂洋次郎さんなどと一緒に食事したんだけど、「なんで『太陽族』を悪く言うんだろう、こんな溌剌とした青年はいない」って言われた。日活としては僕が「乳母車」に出演するのに反対でね。ズブの素人の太陽族で障子に穴あける奴が「乳母車」だって、とそんなバカみたいな意見が多かった。そういう評価しか出来ないのかって、田坂さん嘆いていた。僕が役者の門をくぐって初めて、なんとなく心許して話が出来るようになった人が田坂さんだ。

あとの人の場合には、こっちもツッパッて背伸びしてたけど、田坂さんは普通の人間としての僕がそこに居れば満足して下さった。「台本、絶対持ってくるな、台詞憶えてくるな」って言われた。「前もって便所で覚えるようなこと、お前さんしちゃ駄目だ。暗記しちゃ駄目だ。だけどいろいろな本は読みなさい」——ものぐさなぼくにはピッタリで今だにそれを実行しているんだけど、市川崑さんあたりは、僕が台本持って行かないと怒るんだ。俺に怒れないから製作主任にあたったりしてね（笑）。

それから石坂文芸作品には必ず起用されて、あの暗い戦争のイメージをふっ切った青年像として改めて紹介され始めたわけだ。だから、大宅壮一さんがつけた『太陽族』というワルガキイメージが誤解であるということを世間の人が認識してくれた。「陽のあたる坂道」で決定的になった。

そうだね、他の役者からひがまれたという面もあった。子役からという人と違うし、いい悪いではなくて、まだ昔の陰を引きずっていた映画界に湘南の太陽背負った明るいイメージの若者がパーッと出て来たので、異質に見えたんだろう。俳優さんたちも撮影所での僕の姿を、異様なもの見る眼で見てたんじゃないかね（笑）。

でも、あの『太陽族』映画っていうか、兄貴の作った風俗を映画に出来たのは、昭和二十九年に復活した日活だけだろうね。既成の俳優さんではしんどいというか、東宝や松竹のカラーではないんだね。それがそのまま日活のいわゆる無国籍映画時代へと流れていくわけだけど、作っている最中はまた同じような企画かと思っちゃう。でも始まると楽しいし今観ても懐かしいし面白いよね。伝統とか派閥主義じゃなくて、新しい素材の寄せ集めが日活の良さだったんじゃないだろうか。

悪役――それも、僕自身がイヤなヤツと思うような「最悪の悪役」でデビューしたが、幸か不幸か、それ以後、悪役はあまりやったことがない。

ただ、悪役にもいろいろあって、憎めない悪役もあれば、大事な役だけどツバでもひっかけてやりたくなるような悪役もいる。だけど僕のキャラクターとしては、顔つきや雰囲気とかも含めて、嫌悪を感じるような悪役は僕には向かないだろう。どんなに演じてみても、リアリティーというか、そうは見えないと思う。

だけど、役者としては、悪役に魅力を感じるね。だって、優等生より、いろんな可能性を秘めている不良のほうが、演じていて面白い。僕の場合、ニヒルで、女を殴ったりするような悪役は、イメージ的にも僕の性格的にも合わないと思うけど、そうじゃなく、もっと広い意味での悪役ならやってみたいね。悪役もまたいいもので、悪役が主役のドラマはいくらでもある。

実際、僕が悪役で主役になった映画も何本かある。

その中には、殺されるのもあるんだ。銀幕のヒーローを殺すというのは、映画界ではタブーなんだけど、あえてそれに挑戦した作品もある。自分でも気に入っているんだけど、『太陽への脱出』という映画だ。

ストーリーは、武器密輸の話で、日本の一流メーカーが、ひそかに武器を作って東南アジアの内戦地域へ密輸していた。

主人公は、そのメーカーのエリート社員で、現地に派遣されていたが、表向きは死んだことにして、現地でナイトクラブを経営しながら武器の密売を続けている。店でピアノなんかを弾いてね。武器輸出で儲けている悪い野郎なんだ。

ところが、二谷英明さん扮する新聞記者が、それを嗅《か》ぎつけて、主人公――つまり僕と対決する。主人公は、この新聞記者から、自分が騙《だま》されていることを知られ、それが事実かどうかを確かめに日本に帰ってくるわけだ。

そして主人公は、騙されていることが事実だと知って、川崎あたりにある工場をダイナマイトでぶっ壊しに行くんだけど、その前に工場の人を避難させようとして、機関銃で蜂の巣にされ、虫けらみたいに殺されてしまう。

そんなストーリーで、最後にはすごく悲しいヒーローになっているんだけど、役としては悪役だから、やっていて面白かったね。悪役は、いろんな演技のやり方があって、役者としては興味がつきないものなんだ。

映画畑の場合、悪役は、悪役のままでずっといくケースが多い。だけど、これまで悪役専門にやってきて、それが年を取るにしたがって、悪役からいい役に変わっていって、その人の本当の人柄が滲み出るような役者さんもいる。たとえば、日活時代、僕の相手役だった深江章喜とか、もうちょっとベテランだと高品格さんとかだね。

高品さんなんて、好々爺のいい役者になってしまって、悪役は絶対に似合わなくなった。高品さんに悪役をやらせるなんて、いまのテレビっ子は想像もつかないだろうね。かつては悪役オンリーだったのに。

アッちゃん（芦田伸介）も悪役だよ。だから、昔の映画にいたっては、滝沢修さんまで悪役で、僕に殴られたりして、やりにくくてしょうがなかった。そのころは、なぜか宇野重吉さんはいつもいい役だったね。

だから俳優さんは、何でもやるってことだ。この僕だって、「弟」の女を盗って、最後に「弟」に殺されるという悪役デビューだもの。

本名が原因でずいぶんケンカした

「石原裕次郎」は本名なんだ。

映画に出るとき、芸名のことなど考えもしなかったね。だって役者なんて商売は、すぐにやめるつもりでいたし、水の江滝子さんも、僕の芸名については何も言わなかった。それに僕は「石原裕次郎」という自分の名前が好きだ。字画的にもよかった。それに、名前は一つのほうが、面倒くさくなくていい。

芸名と本名と、名前が二つある役者は器用だと思う。

たとえばウチの渡哲也。

彼の本名は、渡瀬道彦だ。僕は本名で呼ぶことはなく、渡とかテツと呼んでいる。あいつも、それで返事をしている。つまり「渡瀬道彦」は、僕の前では「渡」であり「テツ」というわけだ。

ところが、たとえば昔の学生仲間に会うときは「渡瀬道彦」に切り替わる。「渡」でも「テツ」でもないし、本人も、それで違和感がないみたいだ。

僕は、そういう器用なことはできない。役者になって以後の僕は、みなさんから「裕次郎」「裕ちゃん」と呼ばれ、学生時代の仲間からは、石原の頭文字をとって「石、石」と呼ばれているが、役者もプライベートも、同じ「石原裕次郎」に変わりはない。

ただ――ここが難しいんだけど――本名であるだけに、呼び捨てにされると腹が立つんだね。

デビューしたころは、ロケーションに行って、

「おい、裕次郎、こっち向け」

なんて、行儀悪い見物人から言われると、頭にきて、よくブン殴ったものだ。いまじゃ、ニッコリ笑ったりするけど、あのころは若かったし、役者は一生の仕事にあらずと思っていたから、サービス精神に欠けているわけだ。「お客様は神様」なんて発想は、これっぽっちもない。役者であることに執着心がないんだ。

だから本番の最中でも、「この野郎！」ってなもんで、追いかけて行ってブン殴ったものだ。

もし「石原裕次郎」が芸名であったら、たぶん腹は立たなかったろうと思う。

本名だから、呼び捨てにされると頭にくる。

僕を呼び捨てにできるのは、そのころすでに親父は亡くなっていたから、この世の中で、おふくろと兄貴の二人しかいないわけだ。たとえ時の総理でも、俺を呼び捨てにしたら許さない――当時の僕は、それぐらいの気構えがあった。

それなのに、見も知らない野郎に、

「おい、裕次郎、こっち向け」

と言われたんじゃ、頭にもくるさ。

『狂った果実』で、カミさんと一緒にロケーションに行った。ロケ現場は葉山だから、僕は逗子の自宅から通った。

鎌倉でのロケも自宅から通ったけど、撮影が夜遅くなるときや、朝早いときなんかは、日活のほうで鎌倉駅前に宿を取ってくれた。

宿たって、僕はまだ大部屋俳優みたいなものだから、そば屋の二階に泊められたりして待遇が悪い。ところが雅彦ちゃんなんて、こっちが入れてやったのに、雅彦ちゃんのおふくろさんや北原三枝なんかと一緒に、鎌倉の山奥のいい旅館に泊まっている。

ムッ、とはきたけど、

(別に俳優やってメシを食うわけじゃないからいいや)

と思ってさ。別にどうってことはなかった。

どうせこれ一本きりで映画はやめるつもりでいる。やる気なし。そんな僕だから、頭にきて、撮影を途中でほっぽり出して帰ったこともある。

モーターボートに乗っているシーンでのことだ。

監督の中平康が、僕の演技が気に入らなかったのか、

「バカ野郎!」

メガホンで、僕を怒鳴ったのである。

葉山——ここは僕の縄張りだからね。若い衆がいっぱい見に来ている。その面前でバカ呼ばわりされたのだから、僕としては立つ瀬がない。

カッときて、モーターボートを監督のところへビューッと乗りつけると、

「バカとは何だ、この野郎。テメエに言われる筋合いはねぇ！」

やっちゃった。

「謝りに来なきゃ、俺はやらねえ」

そう言い捨てて、そのまま家に帰ってしまった。

スタッフも、北原三枝も、雅彦ちゃんのおふくろさんも、すげえのが役者やってると、みんなびっくりしたもんだ。新人がみんなの前で監督を怒鳴りつけてるなんて、前代未聞。これまでの映画界ではあり得ないことだった。僕を引っ張ったプロデューサーの水の江滝子さんも心底、驚いたことだろう。

それでも、ロケーションやって、ヨットや水上スキーを教えたりして、あれはあれでけっこう面白かったね。

青春の一ページ——そう言うのかな。

これには後日談がある。

日活の社長が、僕のワガママぶりに怒って、

「あのヤクザを早く辞めさせろ」

と、水の江滝子さんに言ったそうなんだ。

要するにクビ。

僕にしてみれば渡りに船だけど、『狂った果実』が当たっちゃったもので、社長は、この生意気な新人を辞めさせるわけにいかなくなってしまったというわけ。これ、当時、業界じゃ、有名な話だよ。

「勝利者」は僕のアクション路線を決定した花道じゃないかな。それで「鷲と鷹」「俺は待ってるぜ」「嵐を呼ぶ男」と続いて行った。でも、生活はそんなに変わらなかった。いつ俳優をやめようかと思っていたし、まだ水の江さんの家に居候していたから金がかかるのは車のガソリン代と洋服作るくらいでしょ。ファンの眼っていうのも僕は案外気にしなかったな。その頃はまだよく喧嘩していた。銀座の日動画廊の前で大喧嘩しているところを、たまたま日活の江守専務が見てたんですな。パトカーが来ちゃって僕は逃げたんだけど、それをヒントにして出来たのが「嵐を呼ぶ男」なんだ。あれは「鷲と鷹」が封切られたときなので銀座から歩いても顔は知られていて、こっちが一所懸命喧嘩しているのに、「ワー、キャー、ガンバッテ」なんて声がかかる。それとまったく同じシーンが「嵐を呼ぶ男」にあるけど。そういう意味では、いくら自由奔放といえども窮屈になってきたんだ。

自由ヶ丘の駅前で「若い川の流れ」（昭和三十四年）のロケやったときも凄い人だかりで、

亡くなった轟夕起子さんを僕がおんぶしてバス停まで行くシーンを撮っている最中に喧嘩しちゃった。田坂さん、驚いてね。カメラマンの伊佐山さんもパンして喧嘩しているところを撮っている。本名を呼び捨てにされるからよけい押えられないわけで、名前変えりゃよかったと思うことがあった。

大学を中退してまで「この道を選ぶ」という決心

『狂った果実』が大ヒットしたにもかかわらず、ギャラは手取り一万八千円のまま。僕の映画は、次々と当たるのに、ギャラはちっとも上がらない。

ギャラの問題だけじゃなく、少しは映画の面白さがわかってきてはいたものの、役者は男子一生の仕事とは思っていない。

だから、

「映画なんか、いつでもやめる」

と、公言もしたし、実際、撮影もすっぽかした。

(今日は学校へ行こうかな)

と思えば、撮影の予定が入っていても大学へ行っちまうし、

(今日はヨットに乗ろうかな)

と思えば、海へ行っちゃう。

いい加減なもんだけど、こっちは二万円しかもらっていないという気持ちがある。

泡を食うのは、いつも製作主任だ。主役が現場に来ないのだから、撮影にならない。僕がヨットで遊んでいると、製作主任が追いかけてきて、

「石原さん！」

「何だい」

「みんな待ってますから、お願いします」

「そんなもん、違うところでやってくれよ」

「そこを何とかお願いします」

懇願されちゃ、しょうがないっていうんで、夕方、撮影現場に行くと、みんなは延々と待たされているものだから、不満タラタラ。

(映画なんて、俺は合わねぇ商売だ)

と思ったね。

僕のギャラに不満を抱いたのは、僕の兄貴だ。

「おまえ、あんなにヒットしているのに、安すぎるじゃねぇか」

というわけだ。

プロデューサーの水の江滝子さんも、

「ギャラを上げてあげなくちゃ、かわいそうよ」

と言ってくれてはいたけど、それでも日活は上げなかった。

そこへ、もう亡くなられたけど、東宝の藤本さんが、

「じゃ、東宝へ連れてきちゃえ」

と、ウチの兄貴に言った。

兄貴は、東宝の嘱託だか顧問だかをやっていた関係で、そういう話になったらしい。

「おい、五十万払うと言ってるぜ。東宝に来いよ」

と、兄貴が言う。

僕にしてみても、一本の二万円ギャラが二十五倍の五十万円。

比較にもならない。

「じゃ、俺、明日から東宝へ行くわ」

僕もあっさりとしたもんだった。

ところが、それをある新聞社がスッパ抜いちゃった。「ギャラが五十万円で、石原裕次郎が東宝へ移籍」と書き立てたために、それを知った日活が怒って、東宝に文句を言った。東宝が正式に発表したわけでも何でもなかったのだが、記事のせいで、騒ぎが一人歩きを始めた。

これが、いわゆる僕の〝東宝移籍事件〟の真相だ。

日活は東宝に抗議する一方、石原裕次郎に移籍されたら一大事と、すぐにギャラを上げて

きた。

四十万円——。

二万円が一挙に二十倍になった。だけど、東宝が提示した五十万円じゃなく、それ以下の四十万円というところが、いかにも日活らしかった。そんなこんながあって、僕はそのまま日活に残ることになる。

だけど、東宝の五十万円にしても、日活の四十万円にしても、僕が望んだわけじゃない。当時の僕は、自分の意志はどこかへ置いてきた御神輿《おみこし》のようなもので、俳優になりたくてなったわけじゃないし、ギャラも欲しくてもらったわけじゃないし、請求したわけでもない。ましてギャラの値上げを言ったわけでもない。

（えらい世界に入っちまったな）

それが、あのときの僕の偽らざる心境だった。ギャラが四十万円になったからといって、決してありがたくはなかった。

それが「嵐を呼ぶ男」（昭和三十二年）だ。三十三年あたりは一年で二、三回更新したんじゃないかな。僕がそうしてくれと言ったわけじゃないのに二百万くらいになっちゃった。

慶應義塾大学法学部を辞めざるを得なくなったのは、三十二年の三月だ。四年で足踏みさせない学校で、二年間落第すると頚《くび》。最初は病欠ということで休学してたんだけど、映画館に行くと僕の看板が出ているからバレちゃう。一年は留年できたんだけど、いよいよこりゃあかんということでね。このスケジュールじゃとても大学行けないし、それにそれほど未練ないし、とこの道を選んだ。

うーん、映画俳優が……仕事という意識は別にない。仕事やってんだか何やってんだか。それがいいんだろうね。仕事がしんどいって思うようになったのは、全部自分でやってみてからだ。若い頃は、保守的な機構の中で他人に雇われてやっていると適当にやりゃいいんだみたいなところがあった。だんだん面白くなくなってくると不満が出てきたりね。金じゃなくて仕事に対する不満。ああ、自分で映画作れたら楽しいだろうな。こんな無駄なことやらなくたって、こうすればスタッフ半分で出来るな、とかね。

予期せぬ節目を迎えるとき

『俺は待ってるぜ』、この映画は、蔵原惟繕さんの第一回監督作品だ。餞《はなむけ》に、ウチの兄貴が蔵原さんのために書いたシナリオだ。

例によって、兄貴は一晩ぐらいで書き上げたものだけど、僕は好きな作品で、いまでも持っているんだ。

この映画は白黒でね。すごくいいんだ。横浜の引き込み線のところに、ばっちりロケセットを組んで、しょぼたれたレストランを組んで、裏が川で、前を汽車が通る——という設定だった。

僕の人気が急激に出てくるのは、この映画からで、不動の〝人気の座〟のクサビを打ったというか、そういう意味でも、思い出深い作品の一つだね。

実は、あの映画を撮っている最中で、ちょっと失踪したんだ。葉山の友達の家でヨットに乗っていてね。三日で帰ってきたんだけど、そのとき横浜にも寄った。横浜の日活の支配人と仲がよかったから。

この支配人は、元ヤクザなんだ。背中に刺青があるから、人とは絶対に風呂に入らないんだけど、僕とは入る。背中に『天下御免』と彫ってあってね。生粋のヤクザだったのが足を洗ったわけだけど、これがおもしれぇおっさんでね。僕は横浜で飲んでいたから、そこへよく遊び行っていたんだ。

失踪したときに、その人がいる横浜の日活へ寄って、映写室から映画を観た。僕の映画で、浅丘ルリ子ちゃんとやった『鷲と鷹』がかかっていて、館内は大入り満員だったのを覚えている。

僕の歌は『狂った果実』が最初だけど、これは映画が先で、そのヒットにあやかって出したものだ。テイチクが流行歌として、オリジナルで僕の歌を出したのは、この『俺は待ってるぜ』が第一曲目だった。

この歌は売れた。百六十万枚――昭和三十二年ころの百六十万枚というのは、業界でも驚異的な数字だった。

『狂った果実』がレコード・デビュー（石原慎太郎作詞／佐藤勝作曲）だが、後で聞いたところによるとあの頃、世界中のメロディを対象にした音のベスト・テンみたいなものがフランスであって、あの年の十位に入ったんだ。佐藤勝さんがえらく興奮していたのを覚えている。あの歌は難しいんだけど、詞も好きだし、あの歌と映画が人生を変えたというか、僕の門出を奏でてくれた歌が『狂った果実』というわけである。生涯の僕のテーマ・ソング、音っていうのは時代が鮮明に出たが、いちばん強烈なのが『狂った果実』で、歌っていると走馬灯なんてもんじゃなくて、大スクリーンにいろいろなものが次々に出てくるという感じだね。

僕は役者であって、歌手だとは思っていないのに、

「低音の歌手あらわれる」

なんて雑誌に書かれてね。

僕は、自分では低音だとは思わなかったけど、フランク永井、僕、そして三船浩という人がいて、その三人が〝低音ブームの三羽烏〟と呼ばれた。この年、僕が日本で初めてLPを出した。

そして歌のヒットから一年後、僕の兄貴が同名のシナリオを書いて、それを蔵原惟繕さんが撮り、映画も同様に大ヒットするわけだけど、あれは当時の日活としては金のかかってい

ない映画だった。

配役も非常に少なくてね。主役がカミさんと僕で、相手役のワルが二谷英明さん、あとバイプレイヤーの渋いところが固まっていた。

それこそ杉浦直樹君が、当時はチンピラ役で横切るだけだったけど、

「あれは、いい役者だな」

なんて誉められていたけど、後になってはみなさん知ってのとおりの活躍だ。

ストーリーとしては、僕と二谷さんが元ボクサーの役で、二谷さんはフェザー級の元チャンピオン。ワルなんだ。そして一方の僕は、間違ってパンチで人を殴り殺した過去を持っている。

そんな二人が、ナイトクラブで最後に殴り合いをやるんだけど、お互い若いからね。ナイトクラブの全館を使って、四十時間ぐらいぶっ続けで撮影をやった。

当時はまだ殺陣《たて》師なんてシステムはなかったから、本当の殴り合いだ。テレビとは違って、ワンカットずつ何十カットも撮っていくから、朝九時から撮影が始まって、次の日の夜八時か九時ごろまでかかった。大変な撮影で、マジで疲れたのを覚えている。

このシーンは、いま観てもスクリーンから熱気が伝わってきて、面白い映画だと思う。

僕が日活に入ったのは昭和三十一年だ。

日活が再開したのが昭和二十九年だから、その二年後ということになる。僕は知らなかったけど、日活は経営難で、すでに左前になっていたんだ。再開わずか二年にして、つぶれる寸前までいっていたというわけだ。

あとでカミさんに話を聞くと、日活は金がなくて、役者さんたちの出演料を、自社の株で支払っていたりしていたという。要するに日活は、ろくすっぽ出演料も払えないような会社だったわけだ。

だから、前に話したように、僕のギャラも税込み二万円のまま据え置かれていたんだね。

ところが、そんな経営状態の中、昭和三十三年の正月映画――僕が主演した『嵐を呼ぶ男』が空前の大ヒットとなる。あのころ日活は、よく翻訳本をヒントにして作っていたから、この映画も何かのマネだったんだろうけど、それにしては、よくまとまっていた作品だった。

それからの日活ときたら、東映のオールスターが来ようが何が来ようがゴールデンウィークから、お盆から、正月から、もうめちゃくちゃ入って、笑いが止まらない時代が始まる。黄金時代の幕開けだよね。赤字を解消し、ホテルチェーンやゴルフ場を次々に増やし、事業を拡大していく。まさに僕が、日活にとって黄金時代という好景気の〝嵐〟を呼び起こしたというわけだ。

そしてまた、この映画は、戦争で中断していた日本映画界が、戦後十年にして、これまでとは違う新しい映画界の道に歩み出した過渡期の作品であったと思う。

てめえで言うのもおかしいけど、石原裕次郎という役者は、型破りな、これまでの白塗りの二枚目とは、タイプがまったく違っていたわけだ。撮影の手法とか、俳優さんのあり方というものが、全部、塗り替えられた。日活アクションの原点になった。この映画が日本映画に果たした役割は大きく、日本映画界の既成概念を、『嵐を呼ぶ男』が打ち破ったということで、日本映画史に残る作品だと思っている。

そういう意味でも、この映画は、日活にとって、日本の映画界にとって、そして何より僕の人生にとって、大きな節目であったと言えるだろう。

当時、映画製作者協会が新人賞を設定し、その第一回受賞者が映画五社から選ばれた。高倉健さん（東映）、川口晶さん（大映）、杉田弘子さん（松竹）、池内淳子さん（新東宝）、そして日活が僕で、新劇界からは仲代達矢君が受賞した。

レコードもセリフ入りで、相当売れたね。詳しい数字は、興味がないからわからないけど、とにかく五万枚、十万枚が二日か三日で売れちゃうんだから。

ところで、映画『嵐を呼ぶ男』は、僕と笈田敏夫さんとで、ドラムを叩く競演が見せ場になっているんだけど、実を言うと、あのシーンの音はプロのドラマーによる吹き替えなんだ。僕の音は、死んだ白木秀ちゃんがやって、笈田さんのはジョージだった。

映画も、歌もヒットし、僕の俳優生活は、ヨットで言えば、まさに順風満帆だった。

そして、僕も北原三枝も、お互い結婚するつもりで交際していた。

ところが、ちょっとした〝事件〟を僕が起こしたことから、彼女の親が僕に不信感を抱き、結婚に反対することになってしまうんだ。

あの日、撮影が早く終わったので、カミさんを連れて逗子の長者ヶ崎へ泳ぎに行くことにした。夏の初めでね。空は抜けるような青さだった。

長者ヶ崎に着くと、茶店に観光バスが四台くらい停まっていた。バス旅行とあってか、車中で飲んでいたんだろうね。昼間っから、一杯機嫌の連中が何人もいたけど、無視して、僕たちは、浜に下りて泳ぎ始めた。

すると、観光バスの酔った連中が、僕たちの後を追いかけて浜に下りてきた。

茶店のバアさんが、

「下の浜で、石原裕次郎と北原三枝が一緒に泳いでいるよ」

とか何とか言ったんだろうね。

アンちゃん、オジさん連中が酔っぱらって、何だかんだと僕たちのことを囃《はや》し立てるので、僕が頭にきて、彼らをバカスカ殴っちまったのだ。

カミさんは僕の喧嘩を見るのは、これが初めて。恐怖で顔が青ざめ、歯をカタカタ鳴らして、いつまでも震えがとまらなかったね。

カミさん、どういう話し方をしたのか知らないけど、この一件を自分の親に話したもんだから、結婚話がおかしくなってきた。もともと太陽族のなれの果てのイメージがあって、親としては僕たちのことを心配しているところへ、今度の〝観光バス事件〟だ。

「それみたことか」

と、親が思うのは当然だろう。

障子をチンポコでブスッ——そんな太陽族のところへ娘が嫁に行ったんじゃ、ヤバイと思ったんだね。そんなこと僕は知っちゃいないけど、一般常識とすれば、親は反対するだろう。

だからカミさんの親は、水の江滝子さんのところへ行って、

「何とか二人が別れるようにしてください」

と頼んだ。

〝観光バス事件〟があって以後、カミさんの両親は結婚に反対していたけど、僕たち当人同士は、

「そろそろ、結婚すべえ」

という気持ちになっていた。人気俳優同士なので、世間の目が鬱陶《うっとう》しくて、デートもできない。

(こりゃ、もう結婚するしかないいな)

というわけだ。

だけど、マスコミには、

「結婚はしないよ」

と、トボケていたが、うるさいんだよ、マスコミの連中は。

いまほど、うるさくはないけど、当時は記者も強者がそろっていて、強者だけに話もわかるんだ。事情を話して、わかってくれると、パッと竹を割ったようなところがあった。そうなると、彼らは知っていても書かない。

そのかわり、気骨はあるから、石原裕次郎は生意気だというんで、デビューした年のブルーリボン賞はくんなかった。

「バカ野郎」

なんて、平気で言ったからね。

僕と記者連中は年中、怒鳴りあいだったから、新人のくせに生意気だってことにもなるだろう。ブルーリボン賞は、記者の投票で選ぶものだ。

ところが、その賞を翌年になってくれたのだ。相変わらず怒鳴りあっているんだから、普通ならくれないだろうが、彼らはね、そのへんが違うんだ。生意気だけど、僕という人間を理解してくれたのだと思う。

だけど、僕は僕で、

「冗談じゃねえ。二年目の新人賞なんていらねえや。新人賞てな、新人の年にもらうもんだ」

と、ムクれてみせたり。

そんなつき合いだから、彼らとはいまも仲がいいんだけど、気骨のある連中だから、僕とカミさんがつき合っていることを知っていても、見て見ぬふりをしてくれた。よく、見て見ぬふりを装いながら、スッパ抜いたりする記者もいるけど、彼らはそうじゃない。暗黙のうちに僕と協定を結ぶというのか、〝仁義なき仁義〟みたいなものがあって、それは絶対に守る連中だった。

だから、僕としては、とてもやりやすかった。

潮時の判断

俳優になって面白いことは面白かった。だけど、それに浸っているうちアラが見えてきちゃった。「今日に生きる」（昭和三十四年）のアフレコが終って全部終ったなって確かめて、逃げたんだ。前々から恐ろしかったんだけど、自分がスポイルされた生活とそうはされまいとする意識、虚像と実像の相剋……ま、キザに言うとそんなところかな。僕らの同級生はまだ卒業しなかったが、すでに僕の出演料は百五十万くらいになっていたんだから恐ろしかった。このまま行っちゃったら俺はどうなるんだろうというジレンマがあったんだ。学校つまんないから辞めちゃおうって言ったもののエライことしたなみたいな後悔があった。そういう壁にぶつかっていた。

現場で喧嘩するもんだから、宣伝部とか演技課の人間がいつも何人かついていた。何とか一人になって昔の俺に戻りたい、短い時間でいいから自由になりたいっていう単純な気持ちがふつふつと出てきて、それで鍵屋のケンちゃんに電話して、「ちょっとつき合えよ」って、一緒にズラかった。無賃乗車で京都で降りて、追っ手をふり切って六甲山から神戸へと。親父がよく使っていた神戸の花隅街の中にある松の家っていう待ち合いに行ってね。そこへは階段上がって行くんだけど、あるとき近所の女性が見てたんだ。「間違いない、私はファンだから」って。十日弱ほどマスコミの前には出なかった。その頃、今みたいなマスコミなんてなかったから宣伝部が押さえたのかもしれない。いずれにしても今だったら大変な騒ぎになっていただろう。

日活は大変だったらしい。江守専務が「神様のお告げで、西の方の海のところで寂しそうに立っている」って言うんで、「そりゃ神戸だ」って探しにやってきた。仕事、全部終ってから行っているわけだから迷惑かけるつもりはなくて、まあ次の映画のスケジュール決まってたけど、それは誰かやるだろうくらいにノンキに思っていた。突然じゃなくて、計画して何気なく消えるために二月なのにゴム草履で出発した。Gパンはいて、汚いジャンパー着て。まだ水の江さんのところにいた頃。

神戸まで所長から重役から皆来た。真っすぐ帰るのやだからって京都で降りて、祇園で日活さんに一席設けてもらって、捜査に参加した連中も含めて「イカッたイカッた」ってね。

怒られなかった。そのときは辞めたい、このへんが潮時だ、これ以上やってると手前で手前が分かんなくなっちゃうと思っていた時期だった。その次の年に結婚して、足折って、そのへんからかな、落ち着いたのは。

日活は、僕たちの結婚に大反対した。

結婚したらスターの人気は落ちる――それが当時の芸能界の常識だったし、実際、そうなった芸能人も少なくない。ファンに夢を売るというのは、ファンが心の中で疑似恋愛できるようにイメージを創り上げることだ。

だから日活は結婚に反対した。結婚して人気が落ちでもすれば、経営的に大変なことになる。起業論理から言えば、そうなるだろう。

だけど、僕は結婚するハラだ。

もう決心しちゃっているから、

「バカ野郎、堀久作（日活社長）と結婚するわけじゃねぇや」

僕が過激な発言をするものだから、マスコミが面白がって、どんどん記事にした。果たして二人はゴールインできるか――。僕たちの結婚をめぐってマスコミは、いや日本中が大騒ぎしていた。

だけど、会社は頑として、僕たちの結婚を認めようとしない。

そこで、僕は実力行使に出た。僕とカミさんが共演する正月映画『鉄火場の風』を撮り終えてから、アメリカへ〝逃避行〟したのである。昭和三十五年一月のことだった。

当時は、まだ自由渡航ができない時代で、アメリカへ行くには、日本に駐在しているアメリカ国籍の弁護士の保証が必要だった。そのためには、アメリカに引受人がいて、ちゃんとギャランティーされた往復のチケットが送られてこなければ、渡米の許可はおりなかった。

何しろ、サンフランシスコ条約の締結で、日本が独立国家に戻ったのは、わずか七年前の昭和二十八年だ。吉田茂首相のパスポートナンバーが1番という時代で、一般人の渡米なんて、数えるほどしかいなかった。

僕たちの場合は、僕の友人でニューヨーク在住のユダヤ人のおっさんがいて、彼がギャランティーして僕たちを招待してくれた。もちろん日活にも居場所は内緒の〝逃避行〟だった。ちょうど、僕たちが渡米する前年の秋ぐらいに、パン・ナムのジェット機が、初めて太平洋をオーバーシーで日本にやって来た。ジェット機がまだ珍しい時代で、ファーストクラスがわずか八席のＤＣ９だった。

僕たちをギャランティーしてくれたアメリカの友人はロングアイランドに住んでいて、プライベート・ハウスを提供してくれた。

日本では、「失踪だ」「婚前旅行だ」と大騒ぎになっていたらしいけど、僕たち二人は、映画を観たりショッピングしたり、あるいは僕はアメリカにも友人が多かったので、彼らが毎日のように歓迎してくれたりと、楽しく過ごしていた。

ところが、内緒にしていたのに、どこでどうわかったのか、日活の堀社長が僕に電話を掛けてきたので、これには驚いた。

「結婚は認めるから、すぐ帰ってこい」

堀社長の結論だった。

とにかく急いで帰ってこいということだったので、僕たちはすぐに帰国した。

ある程度の取材攻勢は覚悟していたけど、羽田に着陸すると、マスコミがすごいんだ。当時、マスコミはどこへでも入れたから、腕章つけて、タラップの下で大勢が待ちかまえていた。とにかく、すげえ数なわけ。

飛行機の中では、他の乗客たちが、何事が起こったのかと驚いている。

「誰かすごい有名人が乗っているのだろう」

と思ったようだが、ファーストクラスは八席しかない。

しかも、僕たち以外は、オール進駐軍の関係者。となると、消去法で、マスコミが待ちかまえているのは、僕たちということになる。

日本人が飛行機に乗っていることだけでも珍しいのに、ファーストクラス。しかも僕はと言えば、Gパンにヤッケを着てスキー帽をかぶり、ベロンベロンに酔っぱらって席でひっくり返っているのだ。

「なんで、こんなガキのためにマスコミが押しかけているんだろう」

進駐軍のおじさん、おばさんが、そんな目で僕を見ていたと、あとになってカミさんが教えてくれた。スチュワーデスだって、オール・アメリカンだから、僕が映画スターだなんて、わかんないんだね。

それがまた、おかしかった。

そんな曲折を経て、この年の暮れ、僕たちは結婚した。


昭和三十五年十二月一日――。

僕たちが結婚した日だ。

初対面から四年。いや、僕が高校時代、『君の名は』の第二部で、〝アイヌの娘〟を観てファンになってから七年がたっていた。僕が二十六歳で、カミさんは二十七歳だった。

スター同士の結婚ということで日活の反対もあれば、僕が元太陽族ということでカミさんの親の反対もあったが、ともかく念願叶って、やっと結婚にたどりついたのである。

挙式と披露宴は、日活ホテル。ここを選んだのは、僕たちが日活の俳優だったこともあるけど、当時、東京でホテルといえば、帝国ホテルと日活ホテルくらいしかなかったからね。

しかも帝国ホテルは、明治時代に建てられた旧館しかなくて、日活ホテルのほうがきれいで全然よかったわけ。

六、七階が吹き抜けになっていて、七階にバーがあって、雰囲気がとってもシャレていた。
それに、大広間を持ったホテルは日活しかなかった。

僕は、前夜から日活ホテルに泊まるつもりで、部屋を取っていた。深夜にレコーディングの仕事が入っていたからだ。

『銀座の恋の物語』――みなさんに馴染みのこの歌は、実は結婚前夜の深夜に吹き込んだものなんだ。ちょうど日活の正月映画『街から街へつむじ風』を撮影中でね。映画のダビング用とレコーディングを一緒にやったわけ。翌日には結婚式が控えているし、スケジュール的にこの夜しか空いていなかったから。

レコーディングが終わってから、飲みに出かけた。そのままホテルに入ればいいものを、独身の最後の夜だとか言ってさ。僕は友人たちと街へ繰り出したんだ。ハナ肇さんなんかもいて、一杯が二杯に、二杯が三杯にと、いつものペースで飲んで、日活ホテルへ帰ったのが朝の六時か七時。そのままベッドにもぐり込んだ。

目が覚めて時計をみると、夕方の四時だ。

（ヤバイ！）

式にぎりぎりの時間じゃないか。

僕は、あわてて支度した。胸につけるカトレアの花を用意してあったけど、それをつけ忘れるわ、仲人には「酒臭い」とニラまれるわ……。『銀座の恋の物語』にはそんなエピソードがあるんだ。

何事も備えあれば

挙式当日、有楽町の日活ホテル前の歩道は、早い時間からファンであふれていた。といっても、酔っぱらって朝帰りした僕はベッドに潜り込んでいたから、外の様子は知らない。あとで、雑誌を見てびっくりしたんだ。

いまだと、たいていホテルのフロントは一階にあって、結婚式ともなるとロビーは出席者などで賑やかだよね。だけど日活ホテルは六階から上がホテルで、下はオフィスになっていたから、入り口はホテルじゃなくて、オフィスビルの造りになっていた。つまりファンは、ロビーで待っていられないわけだ。

十二月二日だ。寒いよね。披露宴の出席者は、ファンの前を通って六階のホテルへ入って行くから、その姿を見て楽しむことはできるけど、僕とカミさんはすでにホテルに入っちゃってるから、見ることはできない。いまのように教会でやるのだったら、僕たちの姿を歩道から見ることもできるだろうけど、ホテルの中で、しかも神前だもの。

ファンの目には絶対に届かない。

それなのにファンは、寒空の下で、

「いま来るか、いま来るか」

と、待ってくれている。

ファンというのはありがたいな――雑誌のグラビア写真を見ながら、つくづく思ったものだ。


当時は、今と違って週刊誌の数も少なかったけど、日活ホテルのロビーが記者とカメラマンでごった返していた。

結婚式の取材は混乱が予想されたので、お客さんに迷惑をかけないようにと、取材は一社につき、記者とカメラマンとそれぞれ一名ずつに制限させてもらったんだけど、それでも二百四十四名もの取材陣が集まってくれた。中には、前夜から日活ホテルに部屋を取って、記者とカメラマン十人が泊まり込んだ芸能週刊誌もあった。

お客さんのことを考えて、披露宴会場での写真撮影も、ウェディングケーキのカットを撮ったら、出てもらった。そのかわりロビーで記者会見をやることにしたんだけど、いまアルバムを見ると、おかしいんだ。僕とカミさんが真ん中に立って、まわりをぐるりとカメラマンが囲って撮っている。普通は、カメラマンは半円状になって撮るもんだけど、あまりにカメラマンの数が多くて、ぐるりになっちゃったんだね。

「はい、こっち」

◆昭和35年12月１日女優北原三枝と結婚。トップスター同士の結婚に日本中が沸いた。

「次、こっち」

「お願いします」

四方八方からカメラマンの声がかかって、そのたびに向きを変えて、フラッシュが一斉に光ったものだ。

人気スター同士の結婚の先駆者――そう書いてくれた雑誌もあった。


そのちょっと前の昭和三十四年十二月に、フランクスというステーキ・ハウスを友人が前からやっていた。その店に初めて事業投資をした。映画を副業にして安定したものをやんなきゃという考えがあった。まず、誰が嫁さんに来るにしてもその前に家を建てよう、というのも出演した金を会社に置いといたら、会社はその金利で儲けているのでバカバカしくなった。「俺の金出せ、いくらある」って言ったら四千五百万円あった、それで当時で。成城に三百坪を坪二万円で買い、メルセデス・ベンツのダーウィングを五百万で買った。それから田舎の方に、田舎といっても小田急線沿線だが土地を四千坪買った。石原プロが潰れそうになったときそれは売っちゃったけど、ずいぶん助かった。

ガキのくせにただノホホンとしていなかったんだ。自分だけの考えで土地を買って、それぞれの延長上で事業をしていけばいいと思っていたが、でも、今思うと愚かな考えだね。僕はひっかからなかったけど、そういうのがいちばんカモになるんだ。

第三章　成功と失敗と挫折

人生を一度、立ち止まって考える

僕が志賀高原のスキー場で足を骨折したのが、昭和三十六年の一月二十四日だ。女性スキーヤーと衝突したんだ。挙式が前年の十二月二日だから、結婚してわずか五十日後ということになる。

カミさんにしてみれば、結婚して新しい年を迎えたと思ったら、もう亭主は入院生活。しかも連日、マスコミの取材攻勢となれば、新妻としてはてんてこ舞いだったろう。以後、大病を何度か繰り返すことになるけど、ともあれこれが結婚後、最初の入院というわけ。退院は八月だから、入院生活は八カ月にも及んだ。

骨折と一口に言っても、かなりの重傷で、診断は「粉砕複雑骨折」。「複雑」の上に「粉砕」がつくんだ。どんな骨折の状態かと言えば、力自慢のお相撲さんが竹箒《たけぼうき》の両端を持って、ぎゅうっと三百六十度曲げてくと、途中でバリバリと裂けるけど、女性スキーヤーと衝突したときに、僕の足がそんな状態になったのだと医師から説明された。

どうして、そんな大きな事故になったかと言えば、僕がそのとき履いていたスキーが、生意気にもメタルのスキーだったからだ。木の板であれば、一定以上の負荷がかかれば折れてくれるが、メタルは金属だから折れない。衝突して、僕の右足はスキーを履いたままでゲレンデに突き刺さった。

滑降のスピードの勢いと、僕のウエートが加算されて、ゲレンデに突き刺さった足首を中心に、三百六十度、グルリと回転したわけである。

骨、バラバラになっちゃうよね。

見る見るうちに白い骨が皮膚を突き破って出てきた。

「ヌクッと出た、骨の尖」――というのは中原中也の『骨』という詩だけど、そんな骨折だった。

粉砕複雑骨折という大事故に遭いながら、俳優生命を断たれることもなく、こうして足が治ったのは、たぶん二十六歳と若かったからだろう。

高校時代には、バスケットで左の膝の皿をケガしているから、僕の足という足は、折れたり錆びたりバラバラになっている。

いや、足だけじゃない。鎖骨もアバラ骨も折っている。『黒部の太陽』では、右の親指も折っているから、僕の身体は、スタントマンのような、満身創痍《まんしんそうい》の身体なのだ。

完治まで八カ月かかった。そのころだね、テレビの周辺を調べたのは。何となく手を染めなきゃならない時代になって来たのかなと思いながらリサーチしたんだけど、まだお呼びじゃないという感じだった。白黒のテレビ見れば見るほど幻滅感じて……。入院で何となくモヤモヤしたものがたまって、よし退院したら自分の手で映画作りたい、会社に我がままやらせてもらおうと決めた。ところが、この我がままだけは強烈な反撥を喰らった。

その頃の映画会社の首脳陣は、我々俳優のことを芸者扱いだったから、「君んところの石原を甘やかしちゃいかん」「そうだそうだ」なんて大映の永田雅一さんとか東映の大川博さんが話し合っている。やっぱり、勝ちゃん（勝新太郎）、錦ちゃん（萬屋錦之介）なんか仲間だから「えっ、そんなにもらっているの」――帰ったら言いつけたらしいんだ。石原が映画作るなんて言いだしたら、ウチの勝、三船、錦之助も言い出しかねないから阻止しようって五社社長がたわいない会議やってるわけだ。「そうか、それじゃ俺独立する、独立すりゃ日活と関係ない」「そんなことしたらこの業界で食えねえぞ」――ずいぶん脅かされて、ヤクザみたいなことを言われたね。

骨折が治って「堂堂たる人生」、それから「アラブの嵐」――エジプトは楽しかったけど、これはイカサマ映画（笑）。その前の「街から街へつむじ風」――この中の主題歌が「銀座の恋の物語」で、ヒットした。じゃこれで作っちゃおうって蔵原惟繕さんや山田信夫さんなんかと呑んでて、ルリちゃんを記憶喪失にしようかとか、盲目にしようとか、いいかげんだった。だいたい水の江さんの家で呑んで喋っているうちに出来ちゃうんだから。

当時の日活人としては、出演本数は少ない方だった。小林旭君の半分で、ルリちゃん（浅丘ルリ子）は僕と旭君をかけ持ちしてたからずっと多かった。僕は友情出演した映画や短篇「裕次郎の欧州駈けある記」、「君は恋人」、「凛河」をのぞけば九十九本の出演だった。

昭和三十八年、二十九歳で石原プロを設立、旗揚げしていままで、いろんなことがあった。成功の甘い香りも知ったし、失敗という苦汁も飲まされた。

大病もした。

「大変だったたね」

と、人は言う。

そう、確かに大変だったと思う。

だけど、人生というのは、振り返ってみて何にもない、ずんべらぼうよりは、起伏が激しいほうが楽しいと思う。回顧しても、その一つ一つに対して、思い出に足を止めることができる。

「飛ばしちゃおう、パス」

なんて言うんじゃなくて、思い出の一つ一つが、語っていて飽きない。悲しんでみたり、楽しんでみたり、そういう起伏がある人生がいいね。

そんな僕だから、人生を振り返ってみれば、どれもこれも、一生の思い出だけど、その中でも、

(やっぱりあのときは)

と、思うのは、やはり『黒部の太陽』だな。

撮影も命懸けだったけど、いわゆる五社協定の壁に阻まれて、企画がまったく進まず、人に言えないような苦しい思いをした。僕たちのような映画の独立プロは、映画界からボイコットされ、苦汁を飲まされ、たぶん気の弱い人間なら挫折しているだろう。『黒部の太陽』は、その苦しさに耐え、歯を食いしばって完成にこぎつけ、さらにその年の観客動員数で最高記録をつくった作品だけに、感慨深いものがある。


僕が石原プロモーション設立を発表したのは、昭和三十七年十二月二十八日、二十八歳の誕生日だった(設立は翌三十八年一月)。

(映画を自分で作れないか)

という気持ちは以前からあったんだ。

閉鎖的な日本の映画界に、ついていけない部分があったからね。そして、スキーで足を骨折して入院中に、制作費のマル秘賞与の存在を知った。

（こんなことをしていたのでは、映画界はつぶれるだろう）

と、本気で思ったね。

早く自分たちで映画を作らないと、自分がいる余地すらもなくなってしまうのではないか――そんな思いもよぎったりしてさ。

骨折で入院し、将来についてじっくり考える時間を与えられたことが、石原プロの旗揚げにつながるんだ。

いろいろといきさつはあったが、昭和三十七年の十二月、「花と竜」の終了後に石原プロ設立の記者会見をやった。この頃は、僕が自発的に記者会見やるなんてないから、「何だろう」って皆戸惑っていた。

兄貴も同席して、日活の江守専務にも同席してもらった。日活と喧嘩別れしたわけじゃなくてこれからも関係を続けるということでね。設立ブレーンは、兄貴、浅利慶太さん、安倍寧さんで、かなりセンセーショナルな事件だった。邦画五社が敵にまわった。他の役者がつけ上がる、つまらんことをしてくれたな、ってね。事実、それと前後してスター・プロ時代が幕を明けるわけだ。

僕も失敗して潰しそうになったから他人のことは言えないんだが、恵まれていたと思う。じゃ僕以外の人は恵まれていなかったのかと反論されるけど、僕がいちばん思うのは、いい人間と出逢っているということだ。仲間を持っていることの強さと、映画で失敗した六億円近い負債は自業自得で、何でこうなったのかを全員知っているということだ。例えばオーナーが酒呑んじゃったというんじゃなくて、映画で大成功して映画で失敗した――。これは今だに数字が残っているので、それだけは失敗しても威張れるんだ。用途不明の金は一円もない、公私混同もないし、単純明快な数字が残っている。だから、何で失敗したかわかるし次からこうしようと教訓にもなった――まだ三十代という早い時に失敗を経験したことが恵まれたと思う。映画の麻薬的な面白さ、失敗したときの恐ろしさもすべて三十代半ば過ぎに経験したし、それが非常に僕にとってはラッキーだった。今あれだけのダメージをくらうと、かなりシンドいはずだ。

石原プロで初めて製作した映画が、市川崑監督の『太平洋ひとりぼっち』だった。これは芸術大賞を受賞するなど、質のいい作品として評判をとった。

そして、三船プロとの合作で、『黒部の太陽』の製作を発表したのが、昭和四十二年五月だ。建設五社のバックアップも取りつけ、僕たちは意気揚々と記者会見に臨んだところが、即座に映画五社から圧力がかかった。

「おまえたちの映画は、五社の映画館では絶対に上映させない」

と――。

映画界のすべてが、手のひらを返した。

日活の宣伝部ですら、僕が遊びに行っても、口をきかなくなった。

それまで、

「裕ちゃん、裕ちゃん」

と呼んでくれていた仲間だよ。

他社ならいざ知らず、日活は僕と二人三脚でやってきた仲間じゃないか。それなのに、僕が顔を出しても、そっぽを向いてしまうんだから、五社の締めつけは、それほどすさまじかったんだね。

あとで日活のスタッフが、

「撮影所では、黒部の〝く〟の字も、石原の〝い〟の字も禁句なんです」

と、教えてくれたけどさ。

『黒部の太陽』は、三船さんと何年も温めていた企画でね。三船さんが独立して三船プロをつくったのが、僕より一年ほど早かったけど、三船さんとは同じ成城に住んでいて、家がご近所ということもあって、

「何かやりたいね」

と、会っては話していた。

何かあると、

「じゃ、いま行くわ」

ゲタ履きで歩いて行くこともあったね。

三船プロとの製作提携を発表したのが、石原プロを設立した翌三十九年十月、オリンピックのときだったから、三年かけて、ようやく『黒部の太陽』の製作発表までこぎつけ、いざ狼煙《のろし》を上げたら、映画界が僕たちを閉め出そうとした。

上映できない。さすがにこのときは、僕も頭を抱えたけど、僕たちを応援してくださっていた関西電力の偉い方が、

「フィルムは、映画館じゃなくても上映できるんだろう?」

と言ってくれたんだ。

たしかに映画館じゃなくて、体育館でも公会堂でも、どこでも上映できるよね。

(よし、とにかく作ってみよう)

僕は、この人の一言で決心した。開き直ったんだ。

生死をさ迷う中で得たもの

製作発表して二カ月後の四十二年七月、『黒部の太陽』はクランクインした。そして、翌四十三年に一般公開。観客動員数七三三万七千人で、この年の日本映画最高記録となるんだね。

僕は一度、死んでいる。

『黒部の太陽』の出水シーンの撮影事故で気を失い、何分何秒かはわからないけど、その間、僕は確実に死んでいた。

逃げ場のないトンネルの中に、四百二十トンという大量の水が十秒足らずで放出されたんだ。一瞬の出来事に、トンネルの中で撮影していた僕もスタッフも逃げる間もなかった。

「アッ」

と思った瞬間に気を失っていた——そんな感じだった。

だから正気に戻った僕は、スタッフの何人かを死なせたものと覚悟した。幸いにも全員、命は助かったけど、カメラマンの金宇さん（元・石原プロ常務）なんか、体中、傷だらけ。スタッフ四、五十人、みんなが病院へ運ばれて行ったんだ。

ケガが一番ひどいのが僕だった。キャプタイヤという撮影用コードが、僕の身体に蛇みたいに絡まっていた。絡まった瞬間、気絶して、水もだいぶ飲んでしまった。病院に担ぎ込まれて、ストレッチャーの手術台の上に乗せられたときに、

「先生、煙草を吸わせてくれ」

と言って、砂利だらけの軍手を取り、煙草を指で挟んで吸おうとしたら、右手の親指がなかった。後ろ側に折れ曲がっていたんだ。トンネルで流されながら必死でレールの枕木につかまろうとして押し流されて、失神した。親指は、たぶんそのときに折れたんだろうね。

◆昭和43年に公開された『黒部の太陽』は観客動員数が7337,000人で、この年の日本映画最高記録となる。撮影中の出水事故で右手を骨折した。

十本の指先はすべて、レールの下に敷いたバラス（砕石）にこすられて、指紋が全部、なくなっていた。親指の骨折のほか、左の大腿部も大打撲して、これはいまでもすごい傷跡が残っているんだ。

でも、スタッフ四、五十人の全員が助かったのは、考えてみれば奇跡だと思う。神に感謝しつつ、プロデューサーとしてはひと安心したものだった。

事故の原因は、一言で言えば、

「コンピューターと人間の計算違い」

ということになるんだろうな。

当時、ジャンボという最新式の掘削機があってね。でっかくて、上中下段の三段になっていて、ドリルが二十本ぐらいついているやつ。

それを実際に撮影で使った。ジャンボ掘削機を乗せて動かすレール、トロッコから何から何まで全部、セットの中に再現した。

セットったって、そんじょそこいらにあるような、ちゃっちいもんじゃないよ。豊川にある敷地六万坪という熊谷組の研究所に、全長二百三十メートルのトンネルをつくり、このトンネルの中に水を流して出水シーンを撮ろうというわけだ。

水量は四百二十トン。これだけの水を貯蔵するタンクだけで、制作費が、当時の金で五千万円もかかった。四百二十トンというと、団地三千世帯くらいの水タンクと同じ容量なのだ。

これだけの水量を、それこそ「アッ！」という間にトンネル内に全部、放出してしまったのである。

しかもトンネル内には、撮影用のライトの電源として三千五百ボルトのトランスが入っている。奔流が流れ込んでくるのと同時に、熊谷組の人がとっさにトランスのスイッチを切った。トンネル内が真っ暗になる。だが、もしスイッチを切るのが一瞬でも遅れていたら……。我々は全員、感電死だった。助かったのは、まさに奇跡としか言いようがないね。

こんな話をしていいのかどうかわからないけど、ちょうどこの日、熊谷組の関係者で、女の子が二、三人、出水シーンを見学するためトンネルの中に入っていたんだ。

すると、工事の関係者が、

「女を出してくれ」

と、我々に言ってきてね。女は魔物と呼んで、トンネル工事では絶対に現場に入れないことになっていたから。女が入ると、事故が起きると言って、忌み嫌う。だけど、今回はトンネルといっても撮影だし、熊谷組の関係者ということもあって、追い出すわけにもいかないからと、目をつむったんだ。ところが、案の定、大事故が起こってしまったというわけ。

もちろん、見学していた彼女たちのせいでないことは当然だけど、工事関係者は、

「だから言わんこっちゃないだろう」

という気持ちになったろうね。

事故の原因は、出水シーンの撮影が一日延びたことにあった。

セットでは、水と一緒に大きな石やバラスを流すため、タンクの手前にバラスを入れた器を組んでいた。バラスの総重量は二百トン。水を流すと同時に、石を入れた器のシャッターを開けるという仕掛けになっていた。

ところが撮影当日、撮影に入る前になぜかシャッターが開いて、石がみんな落ちこぼれちゃったんだ。担当していた美術の連中が怒ったけど、怒ったところで、結局はクレーンを使って再び器に石を入れるしかない。作業は一日以上かかる。撮影は一日延期された。それが、大変な事故につながろうとは、夢にも思わなかった。出水シーンは、計算上は完璧だった。

翌日、撮影再開。我々出演者は、切羽から十五メートルくらいのところでスタンバイしていた。撮影用のカメラは全部で十二台。水中カメラマン二台と、宙づりになって頭上から撮影するカメラマンもいる。

「ヨーイ、スタート!」

——一、二、三、四……。

秒読みが始まる。

——五、六、七、八……。

九秒目ぐらいで、水は流れ込んでこなければならないのに、まだだ。

（遅いな……）

と思った、その瞬間――十一秒を数えたところで、ドーッ、とすごい勢いで流れ込んできた。我々は一瞬にして、その水に飲み込まれてしまった。

調査の結果、原因はコンクリートの乾きすぎにあることが判明した。撮影が一日延びたために、コンクリートが固まりすぎて、タンクから出た水が一度溜まり、それに圧力が加わって一気に吹き出したのだった。

周到な準備をし、完璧を期して臨んだ撮影だったが、コンクリートの予想外の乾きの早さまで計算できなかった。

だが、それでもカメラマンはカメラをまわしていたんだ。

さすが、プロだよな。問題はフィルムだ。映っているか、どうか――。

奔流に押し流され、あちこちに転がったカメラを拾い集めて、現像所に走らせた。映っていたよ。全部、映っていた。フィルムは水に強いことは知っていたが、ここまでとは思わなかった。

すぐにラッシュを見た。水が流れ始めて我々が奔流に巻き込まれるまで、わずか三秒だった。本物の事故だからね。迫真のシーンになっているのは当然で、ラッシュを見ていて、僕は吐き気がしてきた。

そして、事故扱いのため、コマサ（元・石原プロ小林専務）は、事情聴取で豊橋署に一晩泊められるんだね。

こうして『黒部の太陽』は完成した。国立劇場で試写会が開かれ、常陸宮ご夫妻がお見えになって、殿下はインターミッション（幕間）のときに、出水シーンについて、

「あれは、どういうふうに撮影されたんですか」

と、僕に質問された。

くわしくご説明申し上げて、僕は言った。

「あれは、本物の事故を撮ったんです」

と――。

時には恐れを知らぬ勇気を持つ

五社の圧力と苦闘し、撮影は九死に一生を得た。

そして興行も大成功を収めた。

遠い昔話になるので、説明してもピンとこないかもしれないけど、『黒部の太陽』を大成功させたことで、三船さんと僕は、〝五社体制〟という映画界の古い体質を改革し、前途に明るい灯火をつけたという自負がある。そういう意味で、共に苦労した甲斐があったと思う。

もし〝黒部〟が成功していなかったら、今日の映画界はなかったかもしれないね。三船さ

んと僕が映画界の将来を考え、強引に推し進めた勇気は、お互い、素直に讃えあいたいと思っている。

石原プロの二十年を振り返ってみると、『黒部の太陽』を境にして、映画界だけでなく、我々自身も変わった。石原プロにとって〝黒部〟は、大きなターニングポイントだったんだね。

そして、この作品は、多くの俳優さんたちの協力をいただいた。

五社の圧力に屈することなく、

「裕次郎がやるんだから、総出演で協力してやろう」

と言って、宇野重吉さんとか、滝沢修さんとか、民芸の人たちが、本当に安いギャラで出演してくださった。

一つ一つのシーンを見るたびに、そのときの苦労と、それを支えてくださった方々の顔を思い出す。日活にいた若手の俳優連中——僕がアクション映画で殴ったり殴られたりするワルどもが、みんな熊谷組のトンネル掘りになって出演してくれた。有名、無名を問わず、出演してくれた役者さんたちの顔はみんな覚えている。

だけど、これほど一生の思い出になる作品ではあっても、いまだにあの〝出水シーン〟を見るのはイヤだね。

あまりにも生々しくて、気持ち悪くなるんだ。

カーチェイスや殴り合いのシーンで、○・何秒のタイミングがずれてたら逝っていた、という経験はずいぶんあるけど、そんなのは一瞬、ドキン、とするだけで、後々まで嫌な気分は残らない。

だけど〝黒部〟だけは、仕掛けが大きかっただけに、後々まで生々しい恐怖感が残った。

予期していた映画史上最高記録

『栄光への5000キロ』、この映画は、文句なしに面白い。

いまでも上映したい作品だ。

上映時間は、四分のインターバルを入れて、三時間という大作だ。

僕は会社で一杯飲みながら観るけど、面白くて三時間が長いとはまったく感じない。自分で自分の映画を観るというのは普通なら苦痛なものだけど、この作品は面白い。

『栄光への5000キロ』は、『黒部の太陽』の翌四十四年の公開だ。観客動員数は映画史上最高記録を樹立した。いまロードショーで、東京と大阪と一館ずつ凱旋公演的なものをやったら、若い人たちに絶対にウケる——僕はそう確信する。

内容が、男と女の話であり、男がスピードに命を賭けるという普遍的な面白さに加えて、ヨーロッパのモナコグランプリ、モンテカルロラリー、日本グランプリ、さらにサファリラリーを股にかけるという絵の展開も面白い。モナコなんて、どこを撮っても絵になるし、この映画は時間をかけてじっくりと撮っている。自分で作っていて誉めるのもおかしいんだけど、日本人の役者が出ていながら、まるで外国映画を観ているような錯覚になる。いわゆる映画の趣向としては非常に今様なんだ。いまの時代を含めても、娯楽映画としては、一、二を競う素晴らしさだと思っている。

映画の舞台となったサファリラリーは、いまはウガンダ一カ国だけになってしまったが、撮影した当時は、ケニア、ウガンダ、タンザニアの三カ国を股にかけた五千キロのコースだった。ただ僕たちが撮影したときは、タンザニアと国交がうまくいってなくて、タンザニアのコースだけ外したときだった。

アフリカ現地ロケは、三カ月間。

夜間撮影が多く、ラリーカーがダートの道で走るシーンでは、撮影は役者にまかされた。監督がラリー車に乗ったのでは映画に映ってしまうからだ。

ボンネットにカメラを据え、役者の僕が撮影ライトのスイッチを入れておいて、カチンコを打つや、僕の隣に座る役者に向かって、

「よーい、アクション！」

それで二人で芝居して、

「オーケー、カット！」

そうやって、人っ子一人いない夜の山道で撮るのだ。暗闇の中で、野獣の目が爛々《らんらん》と光る。そういう怖い思いも体験した。

都会にいると気づかないが、自動車のライトというのは、建物などに反射するから道が明るく見える。アフリカのサバンナには反射物がないから、真っ暗い海を照射する灯台の光のように、暗闇の中にフェードアウトしてしまう。カメラを積んだまま、真っ暗な道をかなりの距離を走行して撮影するのだが、ごく近い木立は瞬間的にライトが照らし出すが、遠くまでは見えない。

そして、夜道を百六十キロの猛スピードで走る車に、鷹くらいの大きさの鳥がフロントガラスにぶつかり、ガラスを叩き割って車内に飛び込んでくることもある。事故につながるだけに、これは怖かった。

ライトを消すと、漆黒の闇だ。

目つぶしをくったみたいになって、何も見えなくなってしまう。そういう未知の動物の国で、一人で撮影するのは本当に心細かった。

ニシキヘビも、でっかいやつがいる。サバンナに生えている木は、写真を見てわかるように、低くて枝が広がったものが多いのだが、あるとき、そういう木にケーブルがぶら下がっていた。

だけど、ケーブルにしちゃ、太すぎる。

いや、太いも何も、サバンナのど真ん中にケーブルがあるはずがない——なんて思いながら近づいていくと、ニシキヘビが木の上で昼寝をしていた。全長十五メーターくらいはあろうか、漫画やターザン映画に出てくるような、やつだった。あんなにデッカイのを見るのは壮観で、アフリカに取り憑かれる人の気持ちが、このときよくわかった。

道路標識は全部動物の絵だ。

動物にぶつかると、車もぐちゃぐちゃになるけど、向こうも死ぬ。だから、動物を愛護するために、道路の手前から、ここは何とか地区だというように動物の絵が描いてある。バッファローみたいなヤツが、集団で道路を横断していると、通り過ぎるまで車を停めて待っていなければならない。

象が多い地区で、ペシャンコになった赤いフォルクスワーゲンが、木からブラ下がっていた。何かと思ったら、それは見せしめなんだね。象の生態を撮っていたドイツ人のカメラマンたちが乗っていた車だけど、象のそばで撮影していて、象を怒らせちゃったんだね。象に踏みつぶされて、乗っかっていた四人は全員即死だって。

エンジンは、いつでも逃げられるようにかけっぱなしにしておかなければならないのに、エンジンの音がすると象が逃げると思って、イグニッションを切っていた。怒った象に向かってこられ、あわててエンジンをかけようとしたけど、うまくかからず、踏みつぶされてしまったというわけだ。

この事故は、我々が行くちょっと前のことで、

「何月何日にこういうことがあったから、絶対に象をあなどるな……云々」

という注意書きがあって、

(ヤベぇぇ)

なんてね。

木に吊られた赤いワーゲンの絵は、傑作と言えば傑作だけど、怖いと言えば、これほど怖いこともないね。

アフリカというところはそんな国だから、おとぎの国に行ったみたいというか、文明国と違って、決して人間が中心になって動いているわけじゃない。そういう意味では非常に面白く、やっぱり最後の楽園というのか、長く住むならアフリカも悪くないな、と思った。

僕がアフリカで特に好きだったのは、キリマンジャロのふもとのアンボセリというところだ。ここは、ヘミングウェイが何度も行ったところらしいのだが、テントに泊まっていて、出入り口のチャックをぴゃーっ、と開けると、キリンの足が目の前にあったりする。キリンというのは、珍しいものや、興味を引かれたりすると、すぐそばまで来るんだ。それで、オーバーな話じゃなくて、テントのチャックを開けたらキリンの股ぐらって感じでね。びっくりしたものだ。

朝、テントから出て、現地人が用意してくれた革袋の一杯の水で歯なんか洗っていると、すぐそばにライオンの親子が寝そべっていたりする。ひっくりかえっているライオンは、腹いっぱいだからいいんだけど、腹を空かせていたら、『グレートハンティング』みたいに、やられちゃうかもわかんない。スリル、あるよね。とにかく人間がウォッチされているんだから。

フラミンゴの羽に想いをよせて

蜃気楼《しんきろう》というものも、アフリカで初めて見た。

アンボセリのそばにドライレイクがある。ひび割れたレイクでね。そこを、いろんな動物が群れて歩いている。かんかん照りで、蜃気楼の湖を見て、水を求めて歩いているんだ。

その付近をジープで走ってみると、バッファローとか象の骨がけっこうある。最初は、何で彼らが、こんな場所に延々と倒れるまで歩いてくるのか、不思議だった。クソ熱くて、砂しかないんだから。

結局、彼らは蜃気楼を見て、やってきたんだと思う。僕のこの説が正しいかどうかわからないが、実は僕たちもこんな経験をしたのだ。

ウチの照明監督でシーバちゃん（椎葉）というのがいるんだけど、そいつが僕に、

「社長、海水パンツを持ってきましたか？」

と訊くわけだ。

「そんなの持ってきてねぇよ。泳ぐならフリチンでいいじゃねえか」

「じゃ、昼休み、メシ終わったら行きましょう」

「どこへ行くんだよ」

「ほら、湖が見えるじゃないですか」

ヤツが指すほうを見ると、確かに湖がある。真っ青な水を湛《たた》えた湖だ。その背後に、あるはずのない山があって、湖は満タンになっている。

「バカ野郎、あれは蜃気楼だ」

「ええ？」

「よし、じゃ、おまえ、行ってみようか」

それで二人でジープに乗って、湖に向かって行けども、行けども着かない。ロケ現場がかすんで見えなくなるくらい行っても、湖はついに見つけることはできなかった。

夜、迷子になったことがある。

この日は、日産のラリーのメカを一人乗っけていたんだけど、アンボセリのテントに帰るのに、僕の車だけがはぐれてしまったんだ。ヤバイよ。それで、メカが運転して、ドライレイクについたウチのキャラバンの轍《わだち》をみながらテントを目指していた。

ところが、暗くなるのが早いんだ。アフリカの日没は、イメージとして、延々と夕日が草原を照らしているように思うかもしれないが、そうじゃない。パッと暗くなる。

車のライトを点灯して、ドライレイクの轍を見つけながら走っていると、暗闇に二つの目が爛々と光っている。サイがいる。ライトに反射して目が光っているんだ。驚いて突進してくるとヤバイので、車を停止させ、

「エンジン、切るなよ」

と、運転のメカに言って、しばらくサイと睨めっこしていた。

やおらサイが移動を始めたので、我々も車をスタートさせたが、完全に道に迷ってしまった。メカもアフリカは今回が初めてだし、そもそもアンボセリなんていう場所は、ラリーコースにないんだ。

さあ、困った。

そのとき、

（あっ、そうだ。星を見ればいいんだ）

ということに気がついた。

とにかくキャンプの近くまで来ていることはわかっているので、僕は天測を始めた。天測は、外洋のヨットレースではいつものことだ。それで、いとも簡単にテントまで帰ってくることができたというわけだ。

アフリカの草原なんて、何にもマークがない。本当に、地球は丸いって感じなんだ。ヨットレースで太平洋の真ん中にいると、

(地球って、こんなに丸いのかな)

と思うことがあるけど、アフリカもそれとよく似ているな、と思ったものだ。

この映画には、こうして思い出話を始めたら何日もかかるぐらい、いろんなエピソードがある。『栄光への5000キロ』は、僕の人生にとって、でっかい思い出の一ページを飾っている作品なのだ。

『栄光への5000キロ』をテレビで放映してほしいという要望は以前からあるんだ。

面白い映画だから、一人でも多くの人に観てもらいたいと、僕も思う。だけど、あの映画は、テレビのフレームで観たのでは、つまらない。あのままシネスコサイズでかけると、テレビ画面の天地が空いてしまって、まったく迫力がなくなってしまう。それにカットされるのも僕は嫌だ。

だからあの映画は――これはもう本当に道楽でいいから――東京、大阪をはじめとする六大都市の劇場でノーカットでやりたいと思っている。

あの映画に対する郷愁がある一方、

(いまの時代の人に見せたら、どういうふうに見てくれるだろうか)

という期待もある。

つまり、これから映画をつくっていくうえで、たとえばこの映画をいまぶつけてみて、どんな反応があるかというリサーチをしてみたいと思う。

『栄光への5000キロ』は、日産と組んだ。「企業タイアップ映画」だと、当時、ジャーナリストは勝手なことを抜かした。

だけど、特に大自然を相手にする映画は、機材や資金的な部分を含めて、企業タイアップ的なものをやらないと、いい映画ができないと思うんだ。企業タイアップというと、ややもすると、ジャーナリストは批判的なスタンスを取りたがるが、それは間違いなんだ。タイアップというのは、結合とか提携、接岸という意味で、映画と企業が〝接岸〟することだ。本当はすごいことなのに、日本のジャーナリストは、物乞いすることだと勘違いしている。

なぜ、ジャーナリストがそういう捉え方をするかというと、日本の映画界には、たとえば田舎の旅館にロケーションで行って、

「看板撮ったからスタッフを一晩泊めろ」

といったことが実際に行われていたからだ。だからタイアップと言うと、そういうものだとジャーナリストは思ってしまっている。それは〝物乞い〟であって、タイアップじゃないんだ。

だから、批判的なことを書いたジャーナリストに、

「軍艦は岸につけるときは、どうするんだ。タイアップしなきゃ、着けられないだろう」

と言うと、

「ハァ?」

なんて言っているから、

「アホか、お前は」

みたいなことになっちゃうわけさ。


大きい枝に、小さく咲く花が好きだ。

たとえば、桜。

パッと咲いて、パッと散る。武士のように爽やかで、散りながら花びらが舞う姿は、まさに花吹雪と呼ぶにふさわしい美しさがある。

手塩にかけられた人工花は、可愛い、きれいだとは思うけど、あんまり好きじゃないね。

どっちかというと、野花とか木の花がいい。

椿なんかも好きだ。花の命は短いと言うけど、椿は落ちたときに汚いよね。それがとても哀れでね。どぎつい赤の色が、咲いているとき、呼吸しているときはすごくいいけど、死んじゃうと、血へドみたいに見える。それが哀れに見えるんだね。だから花にはそれぞれキャラクターがあるんだけど、木の花が好きだな。

花の匂いで青春時代を思い出すのは、沈丁花だ。金木犀なんかと違って独特の匂いがあって、いまも、自宅にもあちこち植えている。終戦直後の青春時代、暗くなるまでバスケットボールの練習をして、家の近くまで帰ってくると、沈丁花の匂いがしたものだ。だからいまでも、沈丁花の匂いをかぐと、あのころを思い出す。

我が家の庭は、全部カミさんが植え替えて、いつでも花が咲いているようになっている。二月になって沈丁花が匂い始めると春が始まり、ボケの花が咲き、五月、六月になると、サツキにツツジが咲く。夏が過ぎ、秋を迎え、冬に枯れるまで、花はずっと咲いている。

カミさんが大の花好きで、そこいらじゅう花を飾りたがる。だから家の中はどこへ行っても花がある。もちろん、トイレの中も。

花と言えば、こんな思い出がある。

『栄光への5000キロ』のロケで、アフリカに行ったときだ。

ケニアから離れてウガンダに入って、ロケをしながら赤道を越え、さらにどんどん上がって行くと、次第に高地になっていて、町によって咲く花もどんどん変わっていく。どれもみんなきれいで、アフリカには素晴らしいナチュラルな花がいっぱい咲いている。

(この花を押し花にして、カミさんに送ったら喜ぶだろうな)

そう思った僕は、本屋で動物図鑑を一冊買ってきて、行き先々で見つけたきれいな花を押し花にしていった。

スタッフが、

「何をやってるんですか」

と訊くから、

「いやあ、花を摘んでいるんだ」

と答えたら、

「キザですね」

と笑っていたけど、あんまりにもきれいでね。日本じゃ見ることができないし、これはもう日本に送って、かけらでもいいから花好きのカミさんに見せてやろうと思ったんだ。

それで、あるとき、イギリス人の家の庭に、毒百合のような、でっかい花が咲いているのを目にした。水仙と百合のお化けのような花だ。紫色がきれいで、ブドウがなっているようだった。葉っぱからみると、たぶん合歓《ねむ》の一種だと思う。菊科だと思うけど、とにかく見たことのない花だった。

見ているうちに、この花がどうしても欲しくなってきた。

(一本だけ、ひんもいいいいだら怒られるかな)

そんなことを思ったりしながら、庭の前でうろうろしていた。

日本人で、しかも、つないなぎになった自動車のレーシングスーツを着て、車体に90番とペイントされたラリーカーがそばに停めてある。目立つわけだ。しかも、このあたりに日本人なんて住んでいないし、しかもイギリス人の金持ちの家だ。

どうしたらいいか迷っていると、家の中から見ていて不審に思ったんだろうね。黒人のメイドが出てきたので僕は思い切って、

「この花がほしい。日本に送りたいんだ」

するとニッコリ笑って、

「どうぞ」

と言ってくれた。

この動物図鑑の〝押し花集〟の中の一ページにフラミンゴの羽を一枚、扇形にセロテープで止めた。ナクールという湖で、何万羽と棲息するフラミンゴを撮影したときに拾った羽だ。羽の根っこが赤く、先にいくにしたがって白くなっている。グラデーションになって、とてもきれいだったので、拾っておいたものだ。

そして、

《フラミンゴの羽に想いをよせて……》

というキザな一文を添えて、東京へ帰るという友人に託した。

《ウルシ（週刊明星カメラマン）が帰国するので取り急ぎ一筆。

手紙が書けず本当にゴメンナサイ!!　連日、猫の手でも借りたい忙しさで快調に進んでい

ます。

今日は四月六日、サファリー・ラリーの大々・大詰めです。明日は朝九時頃、本番の一番なのがナイロビに到着、我々は、その2時間前にゴール・インの撮影です。

此のショットが終われば後は〝勝ってカブトのオをしめろ〟

本番のラリー期間中はスタッフ全員睡眠ナシ（四日間）。しかし全員元気に頑張っています。アフリカの気候にはなれたせいか後半の方が快調です。新聞の連中もスケールの大きさ（撮影が……）にびっくり口をあんぐりあけて静かに見学。興奮やる方なしと云ったところです。

帰国してからのラッシュが本当に楽しみでなりません。自分で作っていて云うのも変ですが、こんなに楽しく迫力ある写真は初めてだと思います。アフリカは何処へ行っても絵になります。そして大変自然が美しいです。日本に帰ったらイキ苦しくてたまらないと思いますヨ。今のラリー情報では日産チーム大変広い所を走っています。優勝でもしたら、大変なことになりそうです。

東京も春に帰る頃は春たけなわ……いいですネ。桜は散ってこまったでせうネ……スリーチャンバースに素的なプレゼント買いましたヨ？　皆様に宜敷く……家の娘達にも宜敷くママから伝えて下さい。

そして師匠夫妻（桂小金治夫妻）、水野さん（カメラマン）皆様に——ばつぐんなる映画を日本の皆さんにお目にかけられるとこよなく自信を持っています。
あ！　忘れてました奥様、逗子の年より達（母光子さんと兄慎太郎夫妻）にも呉々もよろしく大変元気だと伝える様お願い致します。
手紙を書いていたら部屋の窓辺にカナリアが二羽飛んで来てとまってます。野性のカナリアのなき声をきかせたいナ……これがアフリカの自然です。
でわママもお元気で……待っていて下さい。
世界でたった一人のマコ江
アフリカの裕より
6, April '64　Good by

Sweet Dear my Mako!

フラミンゴの羽に
想いをよせて……
チョットザーキかナ？
イッヒッヒ……》

押し花集は、翌日、カミさんの手元に届いた。

ところが動物図鑑はカラーのコート紙だから、花の水分を吸わないわけだ。まだ花の水分が滲んでいるような状態だから、カミさんが大急ぎで和紙できれいにやってくれた。ほとんど赤茶けたけど、カミさんが和紙で処置してくれたおかげで、かろうじて色が残っているものもある。それを、いまでも、ときどき人に見せたりするんだ。

カミさんにしてみれば、押し花に動物図鑑を選んだところが可笑《おか》しいらしくて、僕が帰国してから、

「裕さん、やっぱり男ね」

と笑っていた。

僕が好きな花は、昔、ガキのころの思い出にあるアサガオだ。お寺があって、下のほうを小川が流れていて、お寺の石垣に巻きついて咲いている野草のアサガオなんてのは、可愛いよね。夕顔にしても、そういうのがいい。

花が嫌いだと言う女はいないと思うけど、

「花なんか、あってもなくてもいいや。面倒くさい」

というタイプはいる。

そんなのと結婚すると、男は悲劇だね。そういう点では、うちのカミさんは花が大好きで、

そこいらじゅう飾りたがるんだ。

花を飾るのは、一輪でもいいと思う。

僕は、外国へ行ったとき、歩いていて、石垣なんかに可愛い花が咲いていると、ピュッとむしり取ってホテルへ持って帰る。

パーティーなんかでもそうだ。花があると、一輪だけ部屋に持って帰ると、花を根っこからちぎって、そのままコップに浮かせる。睡蓮みたいにね。スペースをとらないし、花が一輪あるだけで、部屋の雰囲気は全然変わってる。旅をしていて気が和むね。

僕は好きで、よく生花を胸につけるけど、オシャレで胸に花をつける日本人は少ない。そのかわりパーティーになると、麗々しく花をつけるよね。菊に紅白のリボンがついた選挙みたいなやつ。

僕は、あんな、みっともないものは絶対につけない。造花の菊の花をつけて喜んでいるのは日本人だけだね。カーネーションでもバラでも、飾ってある花を一輪、タキシードに差したほうが、よっぽど粋だ。造花の菊なんて、紅白のリボンを白黒に変えたら、葬式じゃないか。

だけど、生花をピュッとちぎってつけるのは好きだ。ハワイのゴルフ場へ行くと、ハイビスカスが咲いているけど、カミさんがいればカミさんに、一緒にまわっている連れのお姉ちゃんがいればお姉ちゃんに取ってあげる。そういうのは大好きなんだ。

レストランに行ったときも、必ずカトレアとか、小さな蘭がテーブルにあるから、それをとってゲストの女の子に差してあげる。

もっとも、こういうのは外国でやると自然にいくんだけど、日本でそれをやると、キザだとか何だとか言われる。だけど、僕は平気でやっているけどね。

花を見て素敵だと思ったのは、北欧三国だね。六月、七月という白夜のころに行くと、街が本当にきれいだ。どの街角、どの家、どのマンションの窓辺にも花が飾ってあって、街の中から花があふれているという感じだ。

夏が本当に短くてね。花が咲くのもそのシーズンだけで、冬になると雪に閉ざされて、地面に植えることができない。だから、飾って楽しむ。冬が長い国の花は命が儚《はかな》いから、花も愛されているんだね。

失敗の苦汁は若くして知った方がいい

成功の甘い香りが『黒部の太陽』であるなら、失敗の苦汁は、昭和四十五年に製作した『ある兵士の賭け』だった。当時の金で、五億八千万円の負債を抱えてしまった。

この映画は、ハリウッドの監督・シナリオライター・主役を使って撮ったため、これに莫大な金がかかってしまって、国内の配給ではペイしなくなった。この映画に続いて、プロスキーヤーの三浦雄一郎さんがエベレストを滑降する『エベレスト・シンフォー』という映画を製作するのだが、作品の出来はよかったものの、配給をめぐってトラブルがあって、興行的に失敗した。

　しかも、その直後に、僕が結核になって熱海の病院に入院する。

　どうにもならなかった。

　この際、撮影機材を叩き売って会社を精算し、出直そうと思った。

　ところが、石原プロの大番頭のコマサ（小林正彦専務）やカメラマンの金宇が、

「あなたは熱海で入院していてください。機材は売らないで、我々にもう一度やらせてください」

　と談判に来た。

　彼らの熱意にほだされ、機材は売らないことにした。

　コマサたちは烏山《からすやま》の物置小屋のような事務所で、下請けの映画づくりを始めた。

　このとき我が家の貯金通帳は、残高が五万円にも満たなかった。カミさんがエンゲージリングと婚約指輪の二つだけを残して、アクセサリーなど売れるものは全部売った。

　一番、苦しかった時期だね。

　普通なら生活を切り詰め、車も日本車に換えるだろう。日本車のほうが省エネだし、整備や修理など経費のかかりが違う。

だけど、車は換えなかった。

みすぼらしくなってしまうからだ。

全然乗らなくなるというなら別だが、外車を国産に換えたからといって、借金の総額から見れば、ほとんど無意味だ。むしろ逆で、デメリットのほうが大きい。

なぜなら僕たちの商売には、〝顔〟がある。

僕には「石原裕次郎」という顔がある。

その〝顔〟が、国産車に換えることで貧相になってしまう——コマサの意見だった。

生活を切り詰め、たとえば三度のメシを二度にしても、それは〝焼け石に水〟だ。これだけの借金を払うには、そういう微々たる努力ではなく、仕事で大きく当てるとか、もっと根本的なことを考えなければならない。

だから僕の場合、飲まず食わずで云々……ということは決してなかった。

「じゃ、銭があったか」

というと、銭はない。

さっき言ったように、預金通帳の残高は五万円足らず。もちろん定期預金なんか、あるわけがない。

家も抵当が一番、二番、三番……と、ずっとくっついていて、書ききれなくなってページを増やしたりという状態だった。

でも、僕の場合は、うまい具合に、と言っては失礼だけど、やっぱり救ってくれる人がいたんだ。

たとえば、カミさんが僕に心配させまいと、内緒で僕のおふくろのところに金を借りに行ってくれた。それで、おふくろが僕の窮状を知ることになり、心配して二百万円持ってきてくれたこともある。

そんな金をかき集めて、会社の手形を落としたこともあったと、あとで聞かされるのだが、僕はそんな実情は知らなかった。コマサとかカミさんが、僕の知らないところで全部処理してくれていたのだった。

「男は金のことで恥をかいちゃいけない」

と、カミさんが金をかき集めては、僕のポケットへそっと入れておいてくれたこともある。

当時を思い出せば、社員にもカミさんにも、ずいぶん苦労をかけたと思う。

心から感謝——月並みなセリフだけど、僕はこの言葉しかない。

借金を背負って、生活で一つだけ変わったことがある。

ツケで飲むことをやめたのだ。

金があろうがなかろうが、僕は飲みに行く。もともと金を持って歩かない人間だから、財布の中身は考えない。

あとから請求書が送られてきて、会社に金がなく支払いが遅れると、店から電話で催促が来る。

みっともないね。

惨めだよ。

だから、ツケをやめた。

ツケで飲んでいると、すぐに店に足が向いて、あっという間に勘定が溜まってしまう。たいしたことのない金額であっても、借金していた当時は痛い金額になってしまう。

だから飲むときは、馴染みの店じゃなく、別の店に行ってキャッシュ・オン・デリバリーで払うようにした。

それができたのは、僕の場合、あまり外で飲まないからだと思う。勝ちゃん（勝新太郎）のように、大勢引き連れて銀座のクラブで飲むというのは、僕は好きじゃないんだね。もし、そういう飲み方が好きであったなら、僕のことだから、勝ちゃんのようなことをやっていただろう。

そうすると、もっと惨めな思いをしていたと思う。あっちに借金、こっちにも借金で、しかも払い切れないで。

僕は、酒があればいい。

だから、もっぱらホテルのバーへ行った。あとはヨットマンの溜まり場で、学生でも来られる六本木の安い店。頑張って飲んでも一カ月十五万円ぐらいだ。

仕事上のつき合いで、やむを得ない場合は、見栄を張って銀座のクラブにも行ったけど、僕が知っている店は、二軒くらいしかなかった。

たまに銀座を歩くと、知っているホステスとバッタリ会うことがある。

挨拶されて、

(そういえば、こんな女性もいたっけな。ずいぶんババアになっちゃって)

なんて思っていると、

「あとで寄って」

と言われて、

「うん」

と返事はするものの、やっぱり行かない。

何となく照れ臭くて、知らない人がいっぱいいるところで飲むのは嫌いなんだ。酒を飲むときぐらい、気の置けないメンバーたちと、ワーワー言いながらやりたいじゃないか。

だいたい僕はハシゴ酒というのは嫌いなんだ。

たいてい赤坂東急の十四階にあるバーで飲んでいる。

昼の三時ころから飲み始めて、晩飯をダイニングへ行って食べて、またバーに戻ってきて飲み始める。

「石原さん、もう終わりですよ」

ボーイから声がかかると、夜中の二時。僕の場合、ハシゴしないで、ドーンと一カ所に根が生えてしまう。そういう飲み方なんだ。

だから、このあいだも、昔のワル仲間十人で結成する〝太陽族元祖会〟が集まって飲んだんだけど、メンバーの中には、飲めないけどハシゴするのが好きなヤツがいる。

店に入って、ブランデーなんかにちょっとだけ口つけて、あとは女の子のオッパイを触ったり、ケツ撫でたりして、

「おい、次、行こう」

僕はそういう飲み方はだめなんだ。

しんどいよね。

借金の話が、いつの間にか酒の話になってしまったけど、『黒部の太陽』で知った成功の甘い香りも、『ある兵士の賭け』でのんだ失敗の苦汁も、若くして知ったことに、いまは感謝したい。両方の味を知ったことは、いまの自分には肥やしになっていると思うから。

第四章　世にいう「石原軍団」

常に前例のないことをやる

石原プロがテレビに進出したのは、映画が斜陽になったという理由からじゃない。テレビの持つ可能性は、これから膨らむ一方で、いずれカメラはVTRになる。テレビ映画も、十六ミリのフィルムで撮る時代は去る。石原プロが長生きするには、テレビ番組も手がけておくべきだ――そう判断したからだ。

実際、二時間ドラマにしても何にしても、いまはフィルムで撮ることはなくなった。だけど、日本はテレビの歴史が浅いため、我々のような映画の人間から見ると、テレビ映画の製作は、非常にしどろもどろして見えたんだ。

まず、予算が低い。スポンサーがテレビ映画という高いバケットに飛びつく時代は、とっくに過ぎてしまっていて、番組を買うより、スポットを何回も打つほうに宣伝効果があると判断するようになったんだね。

だから制作予算は少なくなかった。テレビ映画の製作会社は、懐具合がどんどん苦しくなっていった。

そういうテレビ界の現状を見れば、石原プロが、商売っ気を出して、映画からテレビに乗り換えたわけではないことが、わかっていただけるだろう。映画を撮るという僕たちの夢を絶やさないために、いまはテレビで食いつなぐ——そういう気持ちだった。

ただ、テレビ映画をやるなら、テレビ局の下請けでは面白くない。自分たちでロマンを追い求めるために、我々は自分たちで新たな手法を開発している。

たとえば撮影の手法だけでなく、『西部警察』では、

「営業もウチでやらせてほしい」

とテレビ局に申し入れると、

「冗談じゃない」

と言われた。

制作会社が営業するなど、テレビ界では前例がないから、無謀だということになる。

ところが、我々が実際の営業をやって、実績を上げてみせる。こうしてテレビ界に地歩を築いていったのである。そういう意味で『西部警察』は画期的だった。

そうした一つが、我々が何千万円もかけてつくった警視庁の夢物語的な特殊車両だ。これは、長岡秀星の絵じゃないけど、ドラマの中に、夢を現実として盛り込もうとして、日産自

動車に特注した。これでタイアップが生まれる。

噴水のような放水がすごいやつ。これを自動車ショーに出したら一番人気で、子供にも大いにウケた。

こうした特殊車両は、子供の漫画からヒントを得るんだ。それを日産に持って行くと、向こうの技術屋さんも好きだからね。考えられないような仕掛けが現実にできてしまう。たとえば工場のスレートや窓ガラスは水の水圧でぶち破る。逃走するときには、水のウォーターカーテンを張る。あるいはボタンをピュッと押すと、椅子に座った渡哲也が車の中から現れて、ガガッーと機関銃を撃つとか……。

子供の発想が大事と思う。

それを大の大人がマジメな顔して、何千万円もかけて作ってしまう。

人に言わせれば、

「アホか」

ということになる。

だけど、それがロマンであり、この仕事の面白さだと僕は思っている。

こうした仕掛けだけでなく、ビジネスの面でも、番組の内容でも、とにかく人の考えないようなことを我々はやっている。為せばなる――素敵な言葉じゃないか。

我々のできる、いわゆる可能な範囲で夢をふくらませるという作業は、ずっと続けているから、我々も新鮮でいられるのだと思っている。

そんな甘くないと思ったけど「ＮＨＫの大河ドラマ、上等上等」と言ってあえて日曜の八時『西部警察』をぶつけた。それまでテレビ朝日のその時間帯は四から六パーセントなんだ。でもコンクリートでも割れ目に種まきゃ花咲くだろうって。僕ら、シチ面倒臭いことよりも「アクションで叩き潰せ、それしかない」とやったら互角に戦って高視聴率を取った。


このテレビの視聴率っていうのは、ありゃ化け物だね。僕のような映画屋育ちでも、視聴率には振りまわされる。勝ちゃん（勝新太郎）が言ったように、そんなものに振りまわされたくないけど、結局、テレビ界ではそれしかバロメーターがねぇんだよね。

だから僕も、視聴率なんていい加減なものだといまだに思っている。詳しくは知らないけど、僕がいつもおかしいと思うのは、視聴率にはビデオリサーチとニールセンとかがあるけど、うちの『西部警察』がニールセンでは二十何パーセントいって、ビデオリサーチは十四パーセントとかね。六とか七とか八とか、めちゃくちゃに違うわけ。両者の差が一パーセントくらいの差なら――仕組みはどうあれ――そうかな、と思わなくもないけど、六パーセントも八パーセントも違っちゃえば、何百万人ぐらいの差になるわけだ。そんなもの、信用してられないよ。

これは、ハッキリとは言えないんだけど、ビデオリサーチは電通だよね。電通の息のかかっている番組は視聴率が高くなって、そうじゃない番組が低くなるのはしょうがないんだよね。

あと報知なんかがやる報知リサーチってのもある。そうすると、4チャンネル関係とか、いわゆるグループものはよくて、他は極端にＴＢＳなんかが悪くなったりする場合があるわけ。

だから僕は、ビデオリサーチなんていうのは、電通の息がかかって不公平だと思う。じゃ、ニールセンは正しいのかというと、これもよくない。信用できないシロモノだね。

なぜかと言うと、我々は、あれが本当に正しいのかどうか、調べようがないんだ。僕たちみたいに、いろいろな人を知っていて、友達が多くて、友達のまた友達というのがけっこういるわけだけど、その中に、装置がついている家が一軒くらいあったっていいじゃないか。石原プロの社員の友達の友達の親戚のまた親戚に、一軒くらい装置がついていたっていいじゃないか。一人もいないからね。

だから装置の数も知らないし、何分の一の率なのかも知らないけど、ちょっと眉ツバというかね。箝口令《かんこうれい》を敷いて極秘でやっているにしても、その装置が家についていれば、

「ウチにいま、あるよ」

って言うさ。

そんなヤツ、聞いたことがないもの。

だけど、いま言ったように、いくら〝お化け〟であっても、局にしても我々にしても、対象にするバロメーターはこれしかないんだよな。

映画には、視聴率なんて〝化け物〟はない。

製作して、初日やれば、札止めになる前に、打ち込みいくらというので数字はわかる。客が実数で出るから、それぞれの数字を集計すれば、ヒットか凡打かは、その日のうちにわかる。首をかしげたり、すごい喜んだり、落胆したりと、スタッフや関係者たちの悲喜こもごもの表情が、封切り初日に見られるというわけだ。

これに対して視聴率は、本当に〝お化け〟で足がないんだけど、テレビ業界としては参考にせざるを得ない。つまり、視聴率は業界内で利用されたものだったのに、それがいまはスポーツ新聞が記事として書くので、普通の人までが知るようになった。

「ニールセンで何パーセントだった」

「ビデオリサーチでは何パーセントだった」

なんて、茶の間の話題にまでなっている。

あれは、必要ないね。業界が参考にして番組づくりをすればいいだけで、不確かなデータを基にして、一般の人が番組のバロメーターとして話題にするのは問題があると僕は思っている。

だけどね。あれは〝化け物〟だけど、たしかにどこかで何かが動いているんだ。日曜の夜八時なんて、四パーセント、五パーセントの〝畑〟だよ。それが二十パーセントを超すのに二年かかった。つまり二年かかって、十五、六パーセント上げたということだね。視聴率が〝お化け〟であっても、その同じ〝お化け〟の世界で上がったわけだから、これは事実として受けとめていいと思う。

ということは、ある程度〝オモチャ〟に銭かけて、いろいろアクションやったり、けっこう命も賭けてハッチャキでやって、それが二年間で浸透して、やっと来れたわけだ。だから、いい作品を作れば数字が出るということは、映画と同じようにわかる。

それじゃ、二パーセント、四パーセントの番組は手を抜いているかというと、そうじゃない。やっぱりテレビに向き不向きとかの基準はあるということなんだね。

NHKなんてのは、手を抜いて作っても、視聴率はすごいよ。

朝は時計代わりにみんなつけているし、何とか太閤記にしても、今度の大河ドラマにしても、ああいうものはみんな視聴率が取れるわけ。チャンネルをそこに固定している。リモコンでも足を蹴飛ばしても、「日曜の夜八時になったらNHK」みたいになっちゃってる。習慣というのはおそろしいよ。

だけど、それでも僕は視聴率は信用しない。まったく信じない。NHKなんていうのは、見たくて見ているんじゃなくて、これしか入らないからつけている――そういう部類なんだもの。だからNHKは対象外。民放は、NHKなんて関係ねぇってことでやっていかないと、ケンカにならないからね。

だけど、NHKの大河ドラマっていうのは、どの作品も視聴率はだいたい一定で、それ以上あがることはないんだけど、下がることはあるんだ。菅原文太君がやったやつは下がったよね。イメージが合わないと言うのか、日曜の夜にふさわしくないような内容だと茶の間も見ないいんだ。

だから、NHK大河に出る俳優さんていうのは、プレッシャーがあるだろうね。

「あいつが出たから、視聴率が落っこった」

みたいな言い方をされるからね。

視聴率というのは、本当に嫌味なもんなんだ。

『太陽にほえろ!』は、実は何回も断ったあげくに出された番組なんだ。

あのころの僕は、とにかく映画一筋だったから、テレビなんて眼中になかった。ドラマだけじゃなく、スタジオ番組を含めて、テレビにレギュラーで出るなんて考えもしなかったんだ。

ところが、僕は胸の病気をやって退院したときに『太陽にほえろ!』の出演依頼がきた。

ウチの連中は、

「この際、無理をしないで、テレビのレギュラーを持つのがいいんじゃないですか」

という意見だったけど、僕にしてみれば、あんな小さなブラウン管に納まるのは、まだ早いっていう気持ちがあるから、

「ブラウン管が、いくらでっけぇったって、せいぜい三十インチだろう。そんなんじゃ、ハミ出しちまうぜ」

けんもほろろに断ったんだけど、

「じゃ、ワンクール十三本だけでも」

と懇願されて引き受けた。それが十年になっちゃったけどね。『太陽にほえろ！』がテレビのレギュラー初主演で、その後、『西部警察』と『大都会』を、今度はウチで製作することになるんだから、わからないもんだ。

ワンクール十三回の予定で、しかも渋々引き受けた『太陽にほえろ！』が、まさか十年も続くなんて、思いもよらなかったね。

撮影に行って、

（こんなセットで、よくやるよな）

なんて、もう軽蔑のしっぱなしだったんだから。

と言うのも、ウチは東宝とプログラム・ピクチャーの契約をしていて、映画も製作していたんだからね。〝太陽〟をやりながら『影狩り』とか、東宝の封切り映画を三本ぐらい撮っている。

だから〝太陽〟は片手間になるって、最初から言ってあるんだ。

「俺、テレビじゃもたないから、すぐやめるよ」

「すぐというわけにもいきませんので、テレビの最短契約でお願いします」

「何本だい」

「二十六本」

「半年間？　冗談じゃない」

こんなやりとりがあって、三カ月十三本ということになったんだ。

それが、情がわいちゃうと言うのか、三カ月が半年になって、僕が中心と言ったらおかしいけど、そうならざるを得なくなっていくんだな。もちろんそれは、プロデューサーの計算なんだろうけど、あんまり無責任なことも言ってられなくなって、

（こりゃ、一年くらいはやんなきゃ悪いかな）

みたいな気持ちになっていったんだね。

ところが、どんどこ人気番組になっちゃってね。やめるにやめられないまま、十年がたったというのが真相なんだ。

実は、『太陽にほえろ！』が始まってしばらくして、また肺に穴があいちゃったんだ。前よりも、ひどかった。自分ではそう思わなかったけど、テレビ出演と映画製作とで無理したんだろうね。

身体がこんな調子なら、もう仕事はできないだろうから、東宝のプログラム・ピクチャーもやめて、会社の電話番でもやろうかなって思ったりもしてさ。当時、このことは誰にも言わなかったけど、そんなこともあったんだ。

おいしい条件より「縁」を大切にする

テイチクから『俺は待ってるぜ』を出したのは、映画デビューの翌年、昭和三十二年だね。以来、オリジナルで七百曲、人様の歌まで含めると、テイチクから千曲くらい出している。考えてみたら、長いよね。だからよく「テイチク一筋ですね」なんて言われるけど、僕はテイチクに義理だてしているわけでも何でもない。テイチクは居心地がいいんだ。居心地がいいたって、テイチクが僕に何かをしてくれるって意味じゃないぜ。何にもしてくんないし、してくれと、こっちも言わない。僕は歌い手じゃないから、あっちこっち移籍しても意味ないと思うと、どこへ行っても結局は同じなんだよね。

以前、新しいレコード会社ができたときに、僕が移籍するという噂が立った。実際、僕にコンタクトがあったから、

「三億くらい持ってくりゃ、移籍するかもよ」

なんて、ふざけて言っちゃったわけよ。

そのころの三億円なんてアホみたいな金額。レコード業界としては天文学的値段。そんなこと言ったら、ブッ飛んで、アホじゃないかと思って帰っちゃうだろう、と。

ところが、

「考えさせてください」

って、マジに受け取って帰っていった。

そしたら、考え直して返ってきた返事が、何と、一億円だか一億五千万円だかの破格の移籍料だった。

で、テイチクに、

「俺、行こうかな」

って言ってやったら、今度はテイチクが「一億円、出します」――とは言わなかったけど、泡くったわけ。

もちろん、僕はテイチクを出る気はなかった。動いて得になるものなら動くけど、僕はだいたいズボラだから、面倒くさくてね。動いたら動いたで、またそこのお偉いサンが挨拶に来たり、こっちが行ったり、さらには銭の交渉をしたりで、面倒くさいよ。

僕は歌い手じゃないけど、印税で食えるのは、僕だけじゃないかな。他の歌手はみんな興行でメシを食っている。ヒット曲一発出れば何年もメシが食えるというのは、その一曲をひっさげて、テレビに出たり、ドサまわったり、キャバレー行ったりして食えてるわけだ。印税で食えてるわけじゃない。

だから、おいしい条件で、移籍話が起こってくる。おいしい条件というのは、金銭以前の、企画云々てやつだね。売れなくなると、放っておかれちゃうんだ。生存競争が激しいから、有望な新人が出てくると、そっちを可愛がったりする。

そうすると、ひがむんだな。いいときは、テメエが大スターみたいなつもりでいてさ。悪くなったらしょうがないんだ。芸能人の宿命で、落ち目になったら粗末に扱われるものと思わなきゃ。ところが、そうは思わないから、ひがんでいるところへ、おいしい条件をつけられたら、そっちへ行っちゃうんだね。

普通の歌い手さんというのは、ヒット曲を出そうと、絶えず焦ってるんじゃねぇかな。というのは、一曲ヒットが出れば、スターになったつもりでいるよな。ところが、大都市から、いろいろドサまわりきって、その歌を消化したときに、本当に寂しくなっちゃうと思うんだよ。

そこで、焦る。移籍する。だけど、そこで芽が出なきゃ、また同じことでね。移籍してヒットが出るなら、みんなやるさ。何回移籍しても、ダメなやつはダメで、いいヤツは同じ会社で何回もミリオンセラーを出すんだね。

僕がテイチクを動かないのは、ものぐさなせいもあるけど、一回世話になってつながった縁というのは、そう簡単に壊したくないんだ。

一方的に、よっぽど悪いというなら、この野郎になっちゃうけど、そうでないなら縁は大事にしたい。

それと僕とテイチクの場合は、プロ野球選手のような、特殊な契約を結んでいるんだ。普通、歌い手さんとレコード会社の契約というのは、儀礼的なもので、年間で何十万、何百万とはならない。しかも給料なんかあるわけじゃないし、レコード会社と専属契約をしたからメシが食えるなんてことはあり得ないんだ。

僕の場合は、毎回契約を更新していくんだから、ちゃんと安定させるように言ってある。一定金額を確保するような契約だから、例えば一曲も歌わなくても契約金は取る。

要するに、プロ野球選手じゃないけど、

「今年はナンボじゃ」

「これくらいでどうでしょう」

「よっしゃ」

みたいなことで、シャンシャンで手を打つ。

そういう意味では、普通の歌手とはちょっと違うね。それに長いあいだ、僕がいろんな意味で型破りなことをやっていると、テイチクも僕のことをよくわかってくれているんだな。これも、他のレコード会社にはない、僕とテイチクの関係が、そこに存在しているわけだ。

だから僕は動く必要がない。

◇映画の失敗による負債返済のため、全国縦断コンサートを行った。

だけど、つき合いは長いけど、僕なんて、いまだに新しく担当になったディレクターの名前を覚えないんだもの。顔はやっと覚えたくらいでさ。

「あいつ、あいつ」

なんて言っている。

それで、いいんだね。それだけ疎遠で接するところがないから、レコーディングのときに、お互い「ようよう」って、すごいフレッシュなんだ。

また、何かのオメデタごとで社長に会って握手して、

「やあ、元気ですか」

みたいなね。だから、ほとんど七夕様ごっこをやっているみたいなもんだね。でも、考えてみりゃ、テイチクなんていうのは、僕のおかげでクソ儲けしてさ。本当にいい思いしていると思うよ。しかも僕が、生きるか死ぬかの病気をしたもんだから、宣伝もしねぇのに売れちゃってさ。宣伝費はただ。それなのに、メロン二つ持って見舞いに来たくらいですんじゃうんだから、こんな楽なレコード会社は世の中にないよ。

渡哲也はウチの一員というより僕の血液だ

テツとの出会いは日活撮影所の食堂だった。

あいつが日活に入ってきた当時、僕はすでに専属を離れて、フリーの立場で日活映画に出演していた。

その日、撮影で日活にいた僕は、例によってビールを飲みながらカレーライスを食っていた。そこへ、宣伝部の人間に釣れられて挨拶にやって来たのがテツだった。

「今度入りました、新人の渡哲也です。よろしくお願いします」

折り目正しい挨拶をした。

僕は立ち上がって、

「そうですか。頑張ってください」

と言って手を差しだして握手した。

バイクのライダーのような革ジャンの上下を着ていて、それをすごく覚えている。

後になって渡が、僕との初対面のことを、こんなふうに言った。

「顔を見つけた順に挨拶をしていって、石原さんが六番目くらいでしたけど、わざわざ立ち上がって挨拶してくれたのは石原さんだけでした。とても大きな手で力強い握手をしていただいた。強烈に忘れられない印象です」

テツは、高校のときから僕のファンだったそうで、これに大感激したのだと言う。

そんなこともあって、テツは何かというと僕を慕ってくれ、僕もそんなテツに好意を持っていた。

ところが、ある日のこと。不穏な話が僕の耳に飛び込んできた。

「石原さん、知ってますか。明日、渡が日活を首になりますよ」

松竹映配の重役が教えてくれたのである。

理由は、舛田利雄監督が日活に反旗を翻し、舛田監督に可愛がれていたテツが、同調したことだった。一本気なテツの性格から、よく事情もわからないまま、恩ある舛田さんについて行った、というのがコトの真相だった。

だが、テツのとった行動が、五社協定に引っかかるというのだ。

しかも翌日、軽井沢で五社社長会が開かれるという。

社長会で、五社協定に違反ということになれば、テツは映画界からパージ（追放）をくってしまう。僕はすぐ日活の堀久作社長のところへ行って、堀社長に会って談判した。

「社長、五社協定なんて、大人のくだらないことで、渡哲也という好青年を殺すことはないでしょう」

「そんなにいいヤツか」

「いいヤツですよ。自分の会社の俳優じゃないですか。とにかく会ってください」

こうして堀社長には納得してもらった。

数日後、テツを連れて堀社長の家を訪ね、円満に話はついた。そして、僕の兄貴が原作を書いた『スパルタ教育』に舛田監督を起用し、渡哲也を共演させるということで、堀さんの

◆石原裕次郎、渡哲也。その絆はともすれば兄弟以上に深く、裕次郎の死まで終生変わらず続いていった。

了解を取りつけたんだ。

日活はそれからまもなく、経営を立て直しのために、ロマンポルノに路線を変更した。堀社長も亡くなった。

日本の映画界は大きな曲がり角に来ていた。

石原プロも『ある兵士の賭け』が興行的に失敗して、多額の負債を背負い、倒産の危機に瀕していた。

そんなある日のこと。テツが、虎ノ門にあったウチの事務所にひょっこり訪ねてきた。

「おお、テツ。よく来たな」

「石原さん、ちょっと話があります」

「そうか」

別室に通すと、テツは姿勢を正して、

「これは、ほんの気持ちなんですけど、使ってください」

そう言って、札束を出した。三、四センチぐらいの厚さだった。百八十万円あると言う。役者としてようやく売れ始めたころで、これが彼の全財産だった。

(テツがそこまで心配してくれてるとは……)

彼の好意――いや男としての友情に、僕は熱いものがこみ上げてきた。

「ありがとう。でも、それはだめだ」

気持ちだけでいい――そう言って断ったが、テツも引かなかった。

「石原さんにブッ飛ばされても、これだけは受け取ってもらおうと肚《はら》をくって来ました。受け取ってください。お願いします」

うれしかった。

涙がにじんだ。

「テツ、ほんとうにありがとう。もうその気持ちだけでいいよ。おまえの気持ちは一生忘れない。だからこれだけは受け取れない」

僕のうるんだ目を見て、テツは石原プロに入ろうと決心したのだと、後に語ってくれた。

「テツ、あんなつぶれる会社へ行くことはないよ」

「おまえさん、自分でやれよ」

「バカなことすんなよ」

俳優とかプロデューサーとか、いろんな人に、いろんなこと言われながら、テツはウチへ来てくれることになる。

「社長の下で働けるだけでいい。会社がブッ潰れたら潰れたで、女房、子供くらい食わせられます」

テツはそこまで言ってくれた。

石原プロがどん底のときに、僕は渡哲也という男を得たのである。

この直後に僕は胸をやられて、熱海の病院に入院する。撮影機材を売り払って会社を畳み、出直そうとしたとき、スタッフたちが「売らないで自分たちにもう一度、やらせてくれ」と僕に頼んできたことは、前に話したとおりだ。

以下、ウチの連中は、烏山の物置小屋みたいな事務所で映画の下請け仕事を始めた、夏場で、食い物は経費節減からソーメンばっかりだったそうだが、ここにテツが手伝いに来ていた。

一緒に〝同じ釜のソーメン〟を食った仲間――それがテツなんだ。

それで、『太陽にほえろ!』を始めるちょっと前から、あいつの身体がちょっとおかしくなった。胸の病気だったから、熱海へ入院させた。僕のときがそうだったけど、熱海は空気がいいから、そこでゆっくり休めと言ったんだ。

熱海を退院してきて、NHK大河ドラマの『勝海舟』でまたぶっ倒れた。『勝海舟』を途中で完全に降ろして、松方弘樹君に交代させて、それでテツは東大病院に入ったんだ。あのときは、あいつ死ぬかな、と思った。

ところが幸いにも無事に退院して、うちが『大都会』を始めるときにテツはカムバックする。

そろそろテレビの時代が来るぞということで、石原プロとして初めて「大都会」を作ったんだ。皆と相談して「テツ、病気治ったら仕事しようか」って、あいつを中心にして「大都会」が始まったわけだ。

渡哲也は、そんないきさつで石原プロへ来て、いまやウチの一員というより、僕の血液みたいになっちゃったね。

テツも、これまでたくさんレコードを出している。

だけど、彼の歌は頼りない感じがするよね。

「危なげ」

というのかな。

だからいい。そこがテツの魅力だ。

テツ自身も、歌がうまいとは決して思っていないが、歌うのは非常に好きだ。酒はあまり飲まないけれども、あいつも青山学院大学空手部の主将だ。

「よし、ヤケクソでやれ」

みたいなことになると、バンカラで、吠えまくって歌う。それが、みんな僕の歌なんだ。

自分の歌は覚えなくても、僕の歌は三番まで歌えたりする。

そういう男だ。

だから声は出る。

だけどテレ臭いんだな。誰もいなくて、自分一人で歌っていてもテレる。歌うという行為自体が、テツの場合はテレ臭いんだ。

その雰囲気がレコードによく出ていて、それが中年女の心をくすぐったりする。あるいは酒場で一人グラスを傾けながら、自分の心を癒しているところへ、ひょいとテツの歌がかかると、頼りなく聞こえて、無事に歌い終わるとホッとして、しみじみテツのことを想う……。彼は、そういうタイプ。これは変わったキャラクターだね。珍しいよ。すごく得をしている。

オシャレも、テツの場合は同じだ。僕なんかとくらべて、オシャレだけど、そのオシャレ加減が〝ぶっきらぼう〟と言うのか、非常に几帳面だ。

「人との対話を重んじ、名誉を保って」

といった彼の性格が、自分のファッションにも反映しているんだね。

〝縁の下の力持ち〟それが小林正彦だ

通称、コマサ。

専務であり、大番頭だ。

コマサは日活ホテルでホテルマンをやっていたんだけど、客をぶん殴っちゃったんだな。それも二回も。で、左遷されて調布の日活撮影所へ来たんだよ。日活撮影所へ来て最初にやらされた仕事が、ゴーカート事故で生死をさ迷い、狛江市の慈恵医大第三病院に入院中の赤木圭一郎のガードだった。

怪しい人間と、マスコミの人間を一切、病院に近づけてはまかりならぬと、上から御達しが出たコマサは、忠実にそれを守ったんだ。

その辺がおもしろいんだ。そのころ、山崎さんという名所長がいたんだ。その所長が、冬の二月だからオーバーの襟を立てて見舞いに来たわけよ。撮影所で一番偉い人だからね。コマサはペーペーなので、所長の顔なんか見たことがないから「そこのおじさん、部屋に入っちゃだめだよ」と言ってつまみ出してしまった。まあ、所長は烈火のごとく怒ったよな。演技課にすぐに連絡して「あのやくざ者みたいなチンピラみたいなの、誰が雇ったんだ」えらい剣幕でやっちゃったんだ。その当時のコマサっていうのは、頭は短く角刈りで、それで寒くもないのにさらしを巻いていたわけだよ。

所長との件が一躍、撮影所中の話題となって、パーッと広がり「おもしろいのがいる」って僕の耳にも入ってきた。

それで「そいつはどいつだ」ということで、会ったのが出会いだった。

『黒部の太陽』のとき日活から僕を撮影所に連れ戻せと言われ、黒部のロケ地まで来たんだが、「こっちの方がおもしろい」と日活に連絡してそのまま居ついて、ガンガン手伝ってくれた。以来ずーっとコマサと一緒だ。

石原プロが今日あるのは、小林正彦という〝縁の下の力持ち〟のお陰だと言っていい。とにかく、暇なく飛び歩いて本当に忙しい男なのだ。それと言うのも、先頭に立って出なくちゃ、仕切れないことがたくさんあるからだ。たとえば『西部警察』のロケでも、昔のように現場で陣頭指揮というわけにはいかないけど、大きなアクションのカースタントなんてときは、やっぱりコマサが旗を振らなきゃだめなんだ。

なぜかと言うと、スタントマンが締まらないんだ。コマサがやると、命を預ける気になっちゃうわけだ。他の人間じゃ、そこが務まらない。ウチの製作主任なんか三十五、六でしっかりしてるんだけど、まだ命を預けきれないところがあるのかな。

だって、人間がクルマに乗ったまま、燃えたり爆発したり、吹っ飛んだりが、ほんの間一髪のタイミングで撮る。四台くらいのカメラを据えて撮るんだけど、撮るほうも死に物狂いだ。

それをやるには、やっぱり気合なんだね。その気合の「入れ方」「入れさせ方」っていうのが、やっぱりコマサじゃなきゃだめだという部分が、まだあるんだ。コマサの立場になると、もう現場までやる必要はないし、それよりもっとほかに大事な仕事がいっぱいあるんだけど、彼は現場が好きなんだね。

そのタフさにはいつも感心させられるけど、コマサって男は、緊張して忙しくしてないとだめなんだ。性分と言うのか、ヒマだと逆に、プッツンとピアノ線が切れるようになってしまう。

だから、たとえば、夕方からぽっかり時間が空いたとする。仕事はもう終わり。コマサは、このところ忙しくて、ろくすっぽ寝ていないから、

「おまえ、帰って寝ろや」

僕が言うと、

「じゃ、そうします」

と、素直に返事はするんだ。

本当にくたびれた顔で言う。だけど、いつまでも腰を上げない。帰りたくないんだよ。だから、何だかんだといって、ぐずぐずしていて、そのうちマージャンのメンツがそろうと、ポンだチーだが始まって、夜中までやっていたりする。

結局、それがコマサのストレス解消法の一つなんだろうね。彼の場合は、早く家に帰って風呂に入って寝るよりも、ほっとした時間を、仲間と好きなマージャンに費やすことのほうが楽しいというわけだ。

それと、コマサの場合は、いくら忙しくても、仕事で追いつめられるということがない。我々の商売は、確かに忙しくはしているけど、仕事そのもので評価される。作品勝負だ。微妙な人間関係の中で、うまく立ち回ったり、気をつかったりという仕事じゃない。結果が事実として出る世界だ。

だからコマサにとって仕事は、むしろ楽しみなんだろうと思う。だから仕事をすればするほど、忙しくしていればしているほど、ストレスが溜まるんじゃなくて、逆に発散していくんだろうね。

だけど彼は年下だが、年齢は僕と二つしか違わない。

タフではあるけど、少し参ってきているように見える。僕の病気で相当のダメージを受けているのに、彼自身、腎臓結石をやっているんだ。普通でやれば大手術になる。これには僕も心配しているんだ。

長嶋茂雄はなぜいいのか

長嶋茂雄との出会いは、お互い学生時代、まだ詰め襟の学生服を着ているころだ。

あれは、石坂文学の映画化で、僕が軽井沢へロケに行っているときの試合だ。慶応と立教が対戦して、シゲがガツーンと八号ホームランを打って、慶応が負けてしまった。

「立教には、えれぇバッターがいるんだな」

「長嶋茂雄っていうんですよ」

「フーン。一回、ツラが見てえな」

僕のこの一言がキッカケで、長嶋と会うことになった。

意気投合して、シゲとのつき合いは、それ以来になる。

昭和三十三年、シゲは卒業してジャイアンツに入団するが、学生時代の延長で下宿生活をしていて、僕の家に入りびたっていた。昼間、うちで遊んでいて、そのまま後楽園球場に入ったり、試合が終わると真っ直ぐうちに帰ってきたり。

そんな仲だった。

入団した年、シゲはホームラン三十本を打ってホームランキングになる。だけど、彼は一塁ベースを踏まないでダイヤモンドを一周しちゃったんだね。

だから、ホームランは無効。

〝幻の三十号〟として、これはプロ野球史上、いまも語り草になっている話だけど、そのとき打ったバットは我が家にある。

翌三十四年、シゲのことを歌った『男の友情背番号3』というレコードを僕が出す。

そんなつき合いのシゲだけど、面白い話があるんだ。誰も知らない話なので、シゲも嫌がるだろうと思ってこれまで黙っていたけど、あいつらしいエピソードなので紹介しよう。

シゲとアメリカへ旅行したときのことだ。

ウチのカミさんも一緒だったから、僕が結婚してまもなくのころだったと思う。

当時は自由渡航が認められていなくて、アメリカに住んでいる人がギャランティーレターでチケットを送ってきて、現地での引き受けを保証しなければ渡航できなかった。

僕の友人で、金持ちのユダヤ人がニューヨークに住んでいて、彼が息子の成人式パーティーを開くという。

「アメリカに来いよ」

「じゃ、行くよ」

ということになった。

僕の友人は、シゲの大ファンで、日本に来ると太鼓を持って、必ずシゲの試合を僕と観戦に行った。そういうことで、僕とカミさんとシゲの三人でアメリカに飛ぶことになったわけだ。

ニューヨークでは、ホームランキングのミッキー・マントルに会ったり、ヤンキース・スタジアムに行ったりして楽しみ、次はマイアミに飛んで、泳いだ。

そして、マイアミの次は、ミネアポリスだ。

空港へ行って飛行機に乗りこんで待っていると、出発が二時間ほど遅れるとアナウンスがあった。

ファーストクラスは我々三人だけだ。

「なんだ、それなら乗らないで、空港にいればよかったな」

と、シゲと僕とブツクサ言っているところへ、スチュワーデスが現れた。

これが、いい女。

❖「裕ちゃん」「シゲ」と呼び合った石原裕次郎と長嶋茂雄。
昭和が生んだ最大のスターはプライベートも共にした。

スタイルも抜群で、『ヴォーグ』誌から抜け出てきたような美人。僕もギョッとするくらいで、二人とも口があんぐり開いちゃった。

そのスチュワーデスが、搭乗員名簿をチェックしたり、シャンペンを出してくれたりするんだけど、その仕草もまた色っぽいわけだ。

そしたらシゲのやつ、やおら煙草を取り出すと、シュパッ、とライター擦って、

「フ〜ッ」

と煙を吐き出した。

カッコつけたんだね。

すると、くだんのスチュワーデスが、ツカツカとやって来て、

「煙草を吸っては困ります。あれを読んでください」

《Ｎｏ　ｓｍｏｋｉｎｇ》表示を指さしながら、早口の英語で言った。

シゲもその表示があることは知っていたけど、スチュワーデスがあまりにもきれいなので、そんなの忘れちゃったんだね。

注意されるや、シゲのやつ泡くって、

「イ、イ、イエス、アイ・ノウ――」

と、謝るや、いきなり煙草を手のひらでモミ消してしまった。

いくらシゲが三塁手で手のひらがごついといっても、火のついた煙草だからね。

「シゲ、熱くない？」

心配して訊いたら、

「わかんなかった」

真顔で言ったものだ。

長嶋茂雄は、そういう男なんだ。

一本気というのか、本人は大まじめなのに、腹を抱えるようなユーモアを含んだ人生のようなものがある。

そこがシゲの素晴らしさだと、僕は思っている。

石原軍団の掟

ウチがロケに行くときは、役者とスタッフ合わせて、八十人、百人の大所帯になる。大浴場がある旅館なら、めいめいが適当に風呂に入るが、小さい旅館だと、十人とか二十人とかのグループに分けて入る。

それで、長期ロケに出ると、僕は下着を自分で洗う。家ではそんなことしないけど、ロケに出ると洗う。癖みたいなものだ。

ところが、スタッフの中には、下着を溜め込むヤツがいる。

僕は不潔なのが嫌いだから、一緒のグループで風呂に入った連中には、

「てめえのパンツだけは、自分で洗え」

と言って、全員に洗わせる。

旅館でも民宿でも、洗ってはくれるけど、それでは失礼だ。長丁場のロケになったら、下着くらいは自分で洗うもんだと僕は思っている。

それで、

「せーの」

で、一斉に洗濯し始める。

ところが、ウチのカメラマンには無精者がいて、パンツはいたままシャワーを浴びているヤツがいた。身体中にも、パンツにも石鹸をつけて、ゴシゴシやっている。

「おまえ、何やってんだ」

と、僕が訊いたら、

「面倒くさいけど、社長がうるさいから、こうやって洗っているんです」

「しかし、それじゃ、汚れがよく落ちないだろう」

「いえ、大丈夫です」

と言うなり、泡だらけになったパンツを脱いで、それを手ぬぐい代わりにして身体をこすり、

「どうです。これで両方きれいになりました」

ニヤリと笑っている。

石原プロの連中と僕とは、こんな関係なんだ。

会社だから役職名は必要だと思う。

だけど石原プロは、部長だ、課長だ、係長だというような会社じゃない。映画の撮影中は、作品ごとに監督の名前を取って「何々組」と呼ぶが、ウチの実態は「石原組」なのだ。スタッフ全員で、作品製作という御輿《みこし》をかついでいる。

だけど、役職名がないと、折衝など対外的に困ることが出てくる。名刺に刷る肩書が必要になる。

だから最初は「担当」にしろと言った。制作は「製作担当」、芸能は「芸能担当」で、部長とか重役とか役職は一切なしだ。もちろん役員定款とか、会社法で決められているものに関しては、しかるべき名称を使わなければならないけど、名刺にまで刷る必要はないというのが僕の考えだった。僕も「社長」とは名乗らなかった。

ところが社員が、僕を呼ぶときに困ったんだ。

石原プロを作るときに、日活系から来た人間が一番多かったけど、女の子にしたって、フジテレビの制作なんかから来る人間もいた。みんな僕が面接するんだけど、向こうにしてみれば、僕のことを何と言って呼べばいいかわからない。

まさか「裕ちゃん」と呼ぶわけにはいかないだろうし、「石原さん」でも違和感がある。それで、嫌々ながら「社長」と呼ばれるようになったわけ。

小林正彦専務も、最初は単に「コマサ」だったけれど、対外的には石原プロの番頭ということで、いつのまにか「専務」になっていた。そんな調子で、渡哲也も「副社長」になったというわけなんだ。

会社は、いかにいい人材に恵まれているかにある

石原プロは、全員で一つの作品を作る。

一般の製造業のように、部署ごとに部品をつくっているわけじゃない。

全員そろわなければ、何もできないんだ。

だから本来は、肩書はいらない。

マスコミが勝手に肩書をつけているだけだ。

こんなことがあった。

僕が入院しているときに、音楽祭で賞をもらったので、授賞式にウチの中村（現・石原音楽出版社取締役中村進）を代理で出席させて病院でテレビ中継を見ていると、

「石原音楽出版常務取締役　中村殿――」

なんて呼ばれている。

「へえ、中村はウチの常務なのか」

僕が知らないあいだに、中村は「常務」にされていた。「常務」と言えば、ずいぶん部下がいるように聞こえるが、一人もいないんだ。

だけど、どうせ呼ばれるなら、常務のほうがカッコいいから、

「そのままにしとけ」

なんて僕が言う。

ウチはそんな面白い会社なんだ。

石原プロでは、ミーティングはあまりやらない。僕が嫌いだからだ。それでも、何かやるときは、上のほうの人間だけ集めて、一度は必ず意見を聞く。

ただし、意見は聞くだけで、

「俺はこう思うから、こうするぞ」

と宣言する。

あくまで自分の意志を通す。

じゃ、何のために意見を聞くかというと、石原プロは僕が独断と偏見で経営しているようなものだから、何となく後ろめたさを感じるからだ。

「これに対して、どういうふうにしたらいいと思う?」

と意見を聞いておいて、

「僕はこうするぞ」

と、断を下す。

「こうしたいんだけど」ではなくて、「これでどうだ」——。みんな、僕が言ったことに服従。

「それで結構です、やりましょう」

ということになる。

だけど、結論は最初からほぼ決まっていても、話し合うことで、それに付随した意見がいろいろ出てくる。それが僕にはすごく参考になる。

(なるほど、彼はこういう考え方をしていたのか)

と。

そういう意味で——駆け引きと言うとオーバーだけど——会議をやるわけだ。

だから逆を言えば、社員は主張することで、僕に評価されていることになる。どうせ結論が決まっているんだから、何を言ってもムダだと思うのは、大きな間違いなのだ。

僕は、石原プロの社長だ。

だけど、「おまえに経営の才能があるのか」と訊かれたら、

「ない」

と答える。

謙遜じゃなくて、経営の才能はないと思うよ。

映画製作も、もちろん儲かればいいとは思っているけど、金のために作るんじゃない。（いい作品を作れば、客は入る）

そう思って作ってきた。

これは、クリエイターの発想であって、経営者の発想じゃない。経営者は、まず、どうすればお金が儲かるかを考え、そのための手段として作品を考える。僕は発想が逆なのだ。

じゃ、経営の才能がない僕が、こうして社長でいられるのは、どうしてか。

いい部下、いいスタッフ――つまり、いい人材に恵まれているからだ。

そして、口はばったい言い方になるけど、スタッフが僕についてきてくれるのは――もし、それを人間的な魅力と言うのなら――それが僕にはあるんだろう。それは人材を束ねるという意味において、経営者の才能の一つかもしれないね。

石原プロをつくってヤバイ時期もあったけど、おかげさまで、いまは儲けさせてもらっている。

だから社員には、「自分の城を持て」と言っている。女房、子供がいて、親父の仕事によって、生活が安定したり不安定になったりする責任は、全部、社長の僕にある。

だから、会社の経営状態がいいときに、城をつくれ、と言っている。

非常な低利で会社の金を住宅資金として貸す。そういうことは、僕は努めてやってきた。

苦しい時こそ密かな楽しみを持つ

僕は海が好きだ。

海とともに人生がある。

いや、人生そのものと言ってもいいかもしれない。

こんなことを言うと、会社の連中に叱られたりするけど、僕は、参加するヨットレースを決め、それに合わせて仕事のスケジュールを組んでいる。

今年の何月はロンドン、何月はバハマ、何月はハワイ――とにかく先に決めてしまって、それをもとに、

「じゃ、何日から何日までと、その前後に何日入れて、あと後半に何日入れるとして、仕事ができるのは四十日しかないよ」

こういう調子でスケジュールを組んで、海外に出かける。

コマサなんか、

「また、あの人はヨット？　アホか」

なんて言っている。

実際、アホになってヨットレースに出かける。子供のころ、遠足に行くのが楽しみだったが、ヨットレースというのは、僕にはそれ以上の密かな楽しみなんだ。

だけど、いつも残念に思うのは、ヨットに対するマスコミの偏見と誤解だ。あんなに素晴らしいスポーツであり、日本にはスポーツ新聞がいっぱいあるのに、ヨットの記事が掲載されるのは、遭難したときだけだ。

僕らが「香港・マニラレース」に出場したときも、無線が壊れただけなのに、朝日新聞が、《遭難か？》という外電を、香港からドーンと入れてきた。

冗談じゃねぇって。

こっちはシコシコ走っているのに、すぐに短絡的な想像をする。もう知識はゼロ。ゼロならゼロなりに黙っていろと言いたくなってくる。ヨットに関しては、日本のマスコミは万事、こんな調子なのである。

僕たちは世界的レースに参加して、すごいことやっているんだ。これがアメリカだったら、スポーツ紙の一面トップ。野球、ゴルフ関係なし。ドーンとヨットの記事がこなければいけないのに、日本じゃ一文字にもならない。これが現状なんだね。

ヨットには、お金がかかるというイメージがある。

確かに、お金をかければ、エンドレス。いくらあっても足りない。

だけど、お金をかけまいと思えばかけなくてすむ。ヨットの基本であるオープンディンギーなんか、まったく金がかからない。

〝海国日本〟なんて言いながら、政治家を含めて、日本人はヨットに対する理解がない。残念なことだけど。

第五章　時をいとおしむ

自分の時間を作り、持つことの意義

僕は絵が好きで、画集を買ってきて眺めている。

これは、兄貴が影響している。

兄貴は小説家になったけど、僕は兄貴は絵描きになるものとばかり思っていた。もちろん絵を描いていたし、親父に画集を買ってもらって集めていた。絵に関する文献も、本格的に研究していた。兄貴はいまでもアトリエ持っていて、絵を描いている。

そんな兄貴に感化されて、僕は絵が好きになったのだと思う。

僕はシュールレアリズムが好きで、高校時代はダリに惹かれていた。ダリの写真集なんか、気持ち悪いのがたくさんあって、たとえば自分の手に蟻《あり》をいっぱいくっつけて撮ってみたり。ヘンな作品なんて言うと、ダリに怒られちゃうけど、僕はそんなのが好きだ。

ピカソは、後半期の作品については、ハッキリ言って僕にはわからない。だけど、それ以前——いわゆる印象派のころの作品は好きだ。スペインのマドリッドに行くと、プラド美術館の隣のホテルをわざわざ取って、三日間ぐらいプラドに通って、ピカソの作品を楽しむ。

日本にいるときは、展覧会に行くことは、まずない。行きたくても、行けない。商売柄というのか、何となく人混みの中に自分をさらす気になれないのだ。

(会場で、他の客からサインを頼まれると嫌だな)

という気持ちもある。

サインを頼まれれば、無下に断るわけにもいかないし、そうかと言って、サインするには場違いな気もする。

僕も、自分ではゆっくりと鑑賞したいのに、

(他の客が、サインしている俺をどんな思いで見るだろうか)

とか、つまんないことを考えてしまう。

だから、国内ではなかなか行けなくて、海外に出たときに楽しむようにしている。

酒は「百薬の長」と言うけど、酒が飲めないような男は、僕は嫌いだな。一緒にいて、相手がシラフのままでいたら、やっぱり面白くないもの。

もちろん、飲めりゃいいってもんじゃなくて、酒には「いい酒」と「悪い酒」があって、酔って迷惑かけるような人間は、人に嫌われる。

「あいつは酒癖が悪いから」

❖絵画が好きで、特にダリの影響を強く受けた。仕事の合い間をぬって東京で開催された「ダリ展」へ。

ということで、そいつが飲み始めたら、蜘蛛《くも》の子を散らすように、まわりから人がいなくなってしまう。

こうなると、酒は飲めても哀れで、むしろ飲めない人間のほうがいいってことになっちゃうけど、これは例外。やっぱり酒は、社会人として、つき合い程度は飲めたほうがいいと、僕は思っている。

体質的に、酒が先天的に飲めないという人もいるけど、仕込めば飲めるようになる。たとえば学生のころ、運動部の合宿などの打ち上げで、飲めない後輩が、先輩に吐くまで飲まされ、それがキッカケで飲めるようになるものだ。つまり、酒が身体に受け容れられるかどうかという十七、八歳のころに、そうやって仕込んでしまうと、乗り越えていけるようになるというわけだ。

ただし、ゲーゲーやるのは若いうちだけにすること。三十歳もすぎてやると、胃が荒れてよくないよね。ゲーッて吐くのは、胃の中のヒラヒラが逆撫でされるわけだから、いいわけがない。

僕がゲーゲーやった記憶は、中学と高校のときと二回ある。だけど、泥酔して吐いたんじゃなくて、もっと飲まなくちゃならないから、自発的に、しかも、他の人にわからないように、迷惑にならないように吐いた。もっと飲むために、わざと吐くわけ。

だから、ヘロヘロに酔って、気持ち悪くなって、西も東もわからなくなって吐いたということは一度もないんだ。僕の場合は先天的に酒が好きで、身体に合っているんだろうと思う。だけど、そんな僕でも、体調が悪くて、酒が喉に落っこちていかないときがある。そういうときは飲まないに限るんだけど、それでもつき合いで飲まなければならないときもあるよね。そうなると、いくら酒好きの僕でも、これは苦しい酒になる。

だけど、おかしなもので、苦しい酒でもチビチビ我慢して飲んでいると、アルコールは感覚を麻痺させるから、けっこう、いけてしまうんだね。たぶん体調が悪いときは、胃の中がびらんしていて、そこへアルコールが入ってくると、胃壁に早く浸透して麻痺しちゃうんじゃないかな。そうすると、そんな酒がおいしいとは感じないけど、吐き気もしないし、いつものピッチになってしまう。

これがよくない。必ず二日酔いのようになってしまって、次の日がもっとしんどくなってしまうのだ。

そういう飲み方は、どんなに健康な人間でも、身体によくないに決まっている。酒をうんと飲めば、夜更かしをするし、煙草を吸う人ならヘビーになってしまう。空気が悪くなるし、座りっぱなしだしね。健康にいいわけがないさ。

だから、徹夜麻雀で、酒飲みながら物食って、煙草吸って、部屋を閉め切りなんていうのは最悪ってことになる。

酒は、もちろん飲めたほうがいい。

だけど、飲めなくても、座持ちがうまくて、遊び上手な人間は少なくない。一杯のウイスキーで、楽しく何時間もつき合っている人間は、身近にもたくさんいる。僕が朝の四時まで飲んでいれば、四時まで一緒にいて、賑やかに騒いでスケベな話もする。

（こいつ、酔っぱらってんじゃないの？）

飲めないことを忘れて、つい錯覚してしまう。

結局、こういう人は、遊び上手なんだね。

うちの専務のコマサなんか、そうだ。飲めないから、番茶のオンザロック。それも大きなグラスで、七杯も八杯も飲むんだ。

「専務はお強いですね」

客が感心すると、

「いやいや」

なんて、コマサは返事している。

コマサと正反対なのが、錦ちゃん（中村錦之助）だ。錦ちゃんの場合は、パッと酔っちゃうんだ。普通に飲んでいるんだけど、なぜかいきなり僕の膝にポンと乗って座るので、

（フザけてるのか？）

と思ったら、顔が真っ赤。酔ってるんだ。僕は、錦ちゃんと一緒に飲むことはそんなにな

いんだけど、だいたい最後は酔っているよね。それも駄々っ子みたいな表情で。悪酔いは、やっぱり三船さんだな。これは、よくない。錦ちゃんは〝可愛い悪酔い〟だけど、三船さんは〝本当の悪酔い〟だから。

それで、三船さんと錦ちゃん、飲むとお互いに絡むんだ。僕はいつも中立の立場でいるけど、どうも二人は、ギャラリーがいるとやるみたいだね。二人きりで飲むときは、けっこう、おとなしくやっているみたいだもの。

楽しい酒は、勝ちゃん（勝新太郎）だ。

あれは、面白い。いい酒だね。大勢の取り巻きを連れて飲んでいるときは、あれでけっこう、まわりに気をつかうから、それほどでもないけど、二人で飲むと実に楽しいんだ。

昔、京都で飲んでいて、僕と二人きりになったことがあるんだけど、その夜は、二人で歌いっぱなし。二人で百曲以上は歌ったかな。気がついたら、朝の八時だった。そういう意味で、とっても楽しい酒なんだ。

勝ちゃんは、芝居の話なんかになってくると、酒を飲んでいるほうが舌がなめらかになってきて、表現力がすごく豊かになる。それでなくても、だいたい表現力が豊かな人なんだから。

「それじゃ、アイツの芝居をしてみせるから」

とか何とか言いながら、モノマネの芝居をするんだけど、これが見ていてすごく楽しいんだね。話し上手と言うより、勝ちゃんの場合は、根っからの役者ということなんだろうね。

酒の飲み方は、最近、変わってきた。

年を取るにしたがって、自分のコンディションにいいように飲むようになった。

たとえば、どんなに酒が好きで、場所が行きつけの待合であっても、お客さんとして接待される酒はうまくない。だから、そういうときは早々と帰っちゃうわけ。六時から始めたとすると、大体九時には帳場へ行って、「車を呼んで」なんて言っちゃう。仲居さんが訊いてくれる前に言うんだから、そのへんは僕もしっかりしているんだ。

そして、一人になって飲み直すか、気の置けない仲間を誘って、ワイワイやりながら飲むんだ。仕事ガラミの酒は、苦しいと言うとオーバーになっちゃうけど、飲んでうまくないし、ストレスが溜まっちゃうから、割り切らなくちゃだめなんだな。

世間じゃ、仕事が終わったあとに一杯、という人は多いと思う。

だけど僕の場合は違うんだ。飲みに行くときは必ず、仕事が午前中に終わるとか、午後早めに終わって次の日は何もないというときにしか行かない。約束もしない。

朝からガンガン仕事をして、

「さあ、終わったから飲みに行くぞ」

ということは、しないんだ。

ところが仕事のつき合いで飲む場合は、相手の都合だ。たとえ僕の撮影が翌朝七時開始になっていても、夜中までつき合わなければならない。そんなときは、僕だって、番茶で通すこともあるさ。だって、ちょっとでも飲んでしまうと、翌朝のロケーションがしんどくなる。だから、あらかじめ芸者衆に耳打ちしておいて、番茶を出してもらうんだけど、それに気づいた人は、いままで一人もいないんだね。

なぜ、ロマンを持とうとしない

いまの世の中、ロマンがなくなったと言われる。

確かに、そうかもしれないね。ファッションにしても、遊びにしてもすべてが画一化して、若者にオリジナリティーがない。個性がない。ファッションにしても、必ず、どこかのモノマネだもの。そういう環境で生活していると、やっぱりロマンなんか生まれないし、夢もないよね。

以前、アラスカで見かけた大学生たちを、怒鳴りつけたことがあるんだ。

「バカ野郎、団体旅行なんかしやがって。てめえたちだけで、リュック背負って行け！」

ってね。

三十人くらいのグループが、結構な大名旅行していたんだ。

彼ら、キョトンとしていた。僕が怒った意味が理解できないわけ。これには、僕のほうがキョトンだった。

だから僕は、いまの若者は自然に還れと言いたいね。ロマンは、自然に還ることで生まれるんだ。

たとえば、いまカヤックが日本でもはやってきているけど、渓流をゴムボートで下ることに挑戦するのだっていい。日本の自然は厳しいから、自然に還るということでは、ロケーションはとってもいいわけだ。

いまの子供なんか、アスファルトジャングルに馴れちゃって、自然とふれあう機会がどんどんなくなってきている。カブト虫は、デパートにいるもんだと思っているんだから、恐ろしいよ。

そんな環境で育っているから、いまの大学生とか三十代のサラリーマンは、本当の自然を知らないと思う。公園のような、見える自然は身近にあるけど、自然の匂いとか感触は知らないわけだね。

「ヨットがはやっているから海へ行ってヨットをしましょう」

とか、

「サーフボードを持って海辺を歩けばカッコいい」

とか、そんな上っ面のものじゃ、だめなんだ。

海なら海で、じっくりと対峙すれば、また違った海の顔が見えてくる時の使い方なんだ。

それが、自然とふれあうことなんだけど、いまの若いひとは、それをやろうとはしない。きっと、根気がないんだろうね。

それじゃ、ロマンなんか、持てっこないさ。ロマンは人がくれるものじゃなくて、探し求めていくものなんだね。

いまの子供や若者は〝おふくろの味〟を知らない。

不幸だね。

だって、〝おふくろの味〟というのは、食べ物における個性のことなんだ。本来なら、母親の数だけ〝おふくろの味〟がなくちゃいけないのに、その母親自身がファーストフードと、調理済みのインスタント食品で育っているんだからね。〝おふくろの味〟を出せるわけがない。

だから子供たちも、ファーストフードとインスタント食品で育てられ、誰もが同じ食べ物、同じ味で大人になっていく。かくして、個性は、ますます埋没していくわけだね。

そのうち若い連中、キンピラごぼうを出せば、

「木の根っこを炒めて食べさせた」

と言って怒る時代が来るかもしれない。

これ、冗談じゃないんだ。

たとえばヨットでも、学生クルーになると、こんなことがある。

アメリカのレースで、ホノルルまでという長丁場のレースになると、僕は酒の肴《さかな》にと小倉の昆布などを積み込んで冷蔵庫に入れておく。ところが、知ってのとおり、昆布は保管しておくと、そのうち白っぽい粉をふいてくるんだけど、そのことを学生クルーは知らないわけ。

「カビが生えてきちゃった」

と、言って処分しちゃう。食べられるのにもかかわらず、僕の貴重な肴を、連中はさっさと捨ててしまった。

僕はウナギは食べないけど、ウナギの佃煮みたいになったやつを持って乗ったクルーも、被害にあった。少し食べては冷蔵庫に保存してた貴重なウナギの佃煮を、やはり粉がふいたという理由で、食当（食事当番）の学生クルーに捨てられてしまった。

「おい、昆布出せよ」

「カビが生えてましたから、捨てました」

「バカ野郎。お前ら、いつもどんなもの食ってるんだ」

太平洋のど真ん中で、説教が始まる。

いろいろ聞いてみると、連中はろくなものを食べていないんだな。ハンバーグ、インスタント食品……。そのインスタント食品でさえ、カップ麺にお湯をいれるのが面倒だと言うんだから。

だから、彼らは〝おふくろの味〟を知らない。彼らが悪いのではなく、そういう育てられ方をしたのだ。キンピラごぼうじゃないが、食材のことを教えても、彼らには通じない。なぜなら、そんなものは見たことも聞いたこともないからだ。まして、味のことなんか、教えようもない。不幸なことじゃないか。

それでもこんな映画を作りたい

若き日の僕は、アウトロー的一匹オオカミの役を得意にしてきた。それが最近は、派手なアクションじゃなくて、『太陽にほえろ！』や『大都会』のように、眉間にしわを寄せる上司の役をやっている。

ファンの中には、昔のような、アウトローもののアクションをやってくれという人もいるけど、アウトローをやる年でもないし、あれをもう一回やれというのは、しんどいね。

だけど、僕に言わせれば、アクションっていうのは、殴り合いをやればいいというもんじゃない。そこを日本のライターは勘違いしていると思うね。

たとえば、ジョン・ウェインは、七十歳になってもアクションスターだよね。じゃ、彼が映画の中で殴り合いをやるかって言えば、そうは限らない。殴り合いをやらなくても、ジョン・ウェインの出る映画は、アクション映画として成立している。

たとえば、こんなシーンだ。ジョン・ウェイン――あの大男が酒場でもめて、相手の襟首ひっつかんでパッと放したら、その野郎がカウンターの端から端まで飛んで行って、ドアがキンコンキンコン鳴って、表通りに転がっている……。

ガンガン殴り合ったりしなくても、アクションは成立しているし、ジョン・ウェインの魅力も十分に出ている。つまり、一発もパンチを出さなくても、アクションはドラマの中に作れるということなんだ。

ただし、これはジョン・ウェインだから通用するアクションであって、ディーン・マーチンがやったらおかしくなる。言い換えれば、ジョン・ウェインに実際のアクションをやらせることなく、彼の魅力をいかに引き出すか、ということだね。手前ミソになっちゃうけど、「石原裕次郎」がもっと活躍するためには、そういうアクションを書けるライターが日本にいなきゃいけないんだね。

だけど、ライターはみんなそうしたアクションを書くのが苦手でしょう。テレビの脚本を書いている連中なんて、二十代、三十代。字も知らないような若造だよね。僕のことなんか、本当の意味で知らないから、書けというほうが無理なんだよね。

若いライター連中に、アクションを書けと言うと、すぐ殴り合いのシーンを書いてくる。だけど、僕が若い相手と何分間も殴りあえるわけがないし、これは逆にナンセンスだ。

「ウソつけ」

って、見ている客に怒られるだろう。ウチの兄貴も、僕の一ブレーンとして、そのことを言うんだ。

だから、そういうんじゃなくて、心情的なアクションと言うのかな。年輪だとか、貫禄だとか、そういう人間が持って生まれた〝人生の垢〟みたいなものが出てきたアクションというのはあると思うし、それをテレビや映画でやってみたいんだ。

ジョン・ウェインが六十七歳にして、馬に乗ってライフルをクルクル、というのは、やっぱりカッコいいじゃないか。あれはジョン・ウェインにしかできないものだけど、日本でそういうアクションをやれる役者というと、時代劇しかいないだろうね。

市川歌右衛門さん、片岡千恵蔵さん、長谷川一夫さん、そして新国劇の辰巳柳太郎さんにしろ、七十歳を過ぎても、自分のアクションというものをいまだに持っている。

たとえ立ち回りのスピードが落ちていても、いったん主水之助が刀を抜けば三、四人はたじろぐ――そんな魅力がある。長谷川一夫さんの股旅物にしても、抜かないドスを抜いたときは、そういった爽快さや期待感はファンにはある。

僕らは刀は持たないけど、そういうアクションはやりたいね。

僕は、監督をやりたいと思っている。

みんなも、「やれ、やれ」と言うんだけど、テレビ映画の監督はまだやりたくないな。

どうしてかと言うと、テレビ映画はシリーズでやるので、独創性がない。シリーズという枠にはめられた中でどう演出するか、ということになるから、やっていて面白みがないよね。何本もやるうちには面白みも出てくるんだろうけど、僕は演出に関してはズブのシロウトだからね。自分でやりたいと思う作品をじっくりと練って、ある程度の時間とお金をかけて撮りたいんだ。

だけど、テレビ映画ということになると、だいたいが二本持ち（二話撮り）だし、仕事ということから考えれば、そんなことは言っていられない。だから、テレビ映画はまだやりたくないということなんだ。ゆくゆくはやるかもしれないけど、やはりいまは映画を撮りたいんだ。

じゃ、どんな映画を撮りたいのか、というと、実は具体的には何もない。いや、二作、三作目の企画はすでにあるんだ。僕の演出で撮りたいテーマもある。これはモノクロで、演出プランまで考えてある。

だけど一作目の企画が決まらない。毎年、「撮るぞ、撮るぞ」と言っているんだけど、石原プロでは十年間のブランクのあとの第一作だからね。注目されるだけに、企画は難しいんだ。だから決まらない。

だけど、映画というのは、芸術に違いないかもしれないが、僕は娯楽だと思っている。一人の批評家に誉められてお客が入らないよりも、たとえ貶《けな》されても満タンのお客で札止めになったほうが映画らしいと思う。

映画は絶対にそうあるべきだと思うので、僕は娯楽映画しか作る気はないし、もし自分で演出するとしたら、もちろん娯楽になる。

僕が演出をやれば、最初は、ああもしたい、こうもしたいと思うだろうね。だから僕がやる場合は、演出に迷ったら、じっくりと時間をかけて二つのシーンを撮っておく。そして、どっちを選択するかはラッシュでつないで見て、いいほうのシーンをとる。自分で演出するなら、そのくらいの贅沢はさせてもらうつもりでいるんだ。

僕は、演出に関しては素人だけど、カメラについてはくわしいんだ。

自分が撮られる段階で、

（今度は何ミリだな）

と、聞かなくてもわかってしまう。

僕のクローズアップを撮る場合でも、どこからどこまでをアップで撮るか、バストでもどのへんのなのかということは、だいたい距離感でわかる。

たとえばカメラマンが撮影の途中で、「レンズを七十五センン」とか言うと、

（ああ、変わったから、こうすればいいいな）

ということは、すべてよくわかっているんだ。

逆に、テレビを初めてやったときは、十倍ズームをつけっぱなしだから、どこでやっているかわからないわけだよね。いまはもう、わかるようになったけど。

だから逆に、もし僕が撮れば、ルール無視じゃないけど、変にフィルムとレンズで映像を撮りまくって云々なんていうことは、あまりしないと思うね。僕は、意外に小津さんじゃないけど、ドンとカメラを据えて、寄りめの画で攻めて、あとはドーンと引いちゃうみたいな撮り方をするだろうな。そうかと思うと、シークエンスによっては一カメラで手持ちで回しちゃうとかね。

いまは三五でも十倍ズームのいいのはあるけど、二十倍になるとやっぱり暗い。テレビのカメラのようにはいかない。だからズームよりも、二インチ、三インチという単玉を使う。そのほうがシャープだからだ。よほど明るければ十倍のズームで撮っているけど、そうでない場合は、やっぱり単発でレンズを変えないとだめなんだね。

カメラに関する知識というのは、自分が好きだから自然と身についた。僕は機械が好きだから、カメラにはすごく興味があるわけ。我が家にはカメラがいっぱいあって、それをいじるのも好きだし、見せびらかすのも好きなんだね。

ＮＨＫ紅白に出なかった理由、実は

いままで一度もＮＨＫの『紅白歌合戦』に出たことがない。

「どうして？」

と、よく聞かれる。

すこし長くなるけど、それについて話をしてみたい。

『紅白歌合戦』は戦後、ラジオで復活した。まだテレビがない時代——昭和二十二、三年ころから復活したのかな。そのころ僕たちは、大晦日はとにかくラジオで『紅白歌合戦』を聴いたものだ。

このころは、いまのような選考委員もいなくて、僕の記憶では、全歌い手が歌っていた。だから、たとえば——いまの『紅白』出場の人数は知らないけど——男性と女性とで歌手の頭数はそろっていなかったんだ。とにかく、いまいる歌い手さんが男と女に分かれて総出演してね。とても楽しい年越し番組だったという記憶があるんだ。

この時代の『紅白』は、新しき年を迎える前夜の催しにふさわしかったけど、回を重ねるにしたがって、NHKは相当悪い因習をつくっちゃったね。それを是正しようという呼びかけが起こってから、最近は少しはよくなってきたね。

『紅白』に一回出場して、次の年に落っこっちゃったら、もう仕事が来なくなるとかね。それでノイローゼになった歌い手さんが何人もいたりして、非常に心を傷つけるような番組にもなった。

だけど、僕が『紅白』に出ないのは、そんなことからじゃないんだ。

僕は日活時代、けっこう、あくせくと働いて、一年間に七、八本の映画を撮っていた。それも必ず正月映画が二本入ってるんだ。暮れの二十七、八日から正月一週に封切るやつと、それが終わって正月三週目から封切るやつの二本。この二本を十一月くらいから撮り始めるから、暮れはとっても忙しい。ぎりちょん、大晦日まで撮影ということもあった。

そんな状態だから、正月の前の晩くらい、うちでゆっくり酒を飲みたいとか、スキーに行っちゃいたいとか、僕にもいろいろ小っちゃい夢がある。にもかかわらず、晦日はソバも食わずに安い銭で人様に歌を聴かせてるようなアホなことをやってたんじゃ、正月からいいことねぇだろう、と。

一年の計は元旦にありというのに、前の年の夜中までシコシコ歌ってるようじゃ、絶対に出世しない。年越しソバ食わずに働いているアホがいるか。せめて大晦日くらいは人間らしい生活をしなきゃ——そう考えたわけ。

まして、歌手でもない僕が、何で人気のバロメーターにされる『紅白』なんかに出なくちゃならんのだと、非常に不愉快に感じて、それで出ないわけだ。

日活時代は、会社としては宣伝のために僕を『紅白』に出したかったろうけど、僕は、一年に十カ月しか働かないという契約書をキッチリと作らせていたんだ。慶応の法学部法律学科としてはうるさいわけ。僕の場合は、いま言ったように正月映画を毎年二本、必ず撮らされるから、正月映画を撮り終わった一月の一カ月間と、夏場の七月か八月の一カ月間というのは働かない、という契約になっていた。

　だからＮＨＫが、いくら日活宣伝部を口説いても、『紅白』に出てくれなんてことは、言えるわけがないんだね。実際、日活から『紅白』に出てほしいなんて、頼まれたことないもの。

　石原プロを設立してからは、直接、僕のところに交渉に来るようになった。

『紅白歌合戦』の出場交渉は、毎年、八月ころから始まって、この時期になると、ＮＨＫの担当者が石原プロ事務所にやって来るんだけど、毎年、断っているもんだから、

「今年もだめですよね？」

「だめです」

「わかりました」

　それで雑談をして帰っていく。

　断られたということだけを確認しに来ました――そんな感じの、とってもおかしな交渉なんだけど、ＮＨＫは役所みたいなところだからね。だめだとわかっていても、担当者は一応やって来るわけだ。他のタレントさんが聞いたら、ウソみたいな話だけどさ。

　あっさりした年もあれば、何かヒット曲が出てガサガサしている年は、「今年こそは」なんてけっこう粘ったり、僕の親しい人に手をまわして、「何とかできないか」みたいなこともあったね。

　だけど、僕はいま言ったように、

「晦日に働くアホがいるか」

という人間だから、出るわけがない。

暮れは、さっさとハワイに行っちゃうんだ。

そう言えば、『紅白』は、ハワイでは一月の九日ぐらいに放送する。夕方の四時ごろからだったかな。こんな時間は、海かどこかに出かけているから見ることはないんだけど、いつだったか、テツ（渡哲也）が出演するというので、家にいて見たことがある。あんなの、面白くない――なんて言っちゃいけないけど、『紅白』はやっぱり、出演するよりコタツに入って見る側がいいよね。

レコード大賞に思うことがある

僕なんか、歌手が本業じゃないから、こうして面白おかしく話しているけど、実は、僕は二回、レコ大の特別賞をもらってるんだ。

第一回が『夜霧よ今夜もありがとう』（昭和四十二年）で、二番目が昭和五十年。勝手にくれるというから、もらっただけのことで、授賞式はもちろん出ない。

ところが二度目の受賞のときに、ＴＢＳの担当ディレクターに出演を懇願されちゃってね。それでも僕は嫌だと言って断ったんだけど、

「とにかくお願いします」

と頭を下げるんだ。

「歌わないよ」

「歌わなくて結構です」

ここまで言われ、拝まれたんじゃ、しょうがない。出ることにした。

僕がディレクターに「歌わない」と言ったのは、意地悪でも何でもない。僕の場合は、レコーディングを終えると、すぐに歌詞もメロディーも忘れちゃうから、歌おうにも歌えないわけ。しかもテレビの歌番組に出ないもんだから、自分の歌を歌うチャンスもない。忘れるのは当然だよね。

だから、「歌わないよ」と、ディレクターに念を押したというわけだ。

そして、大晦日。会場は帝劇だ。

レコ大のあと、そのまま羽田からハワイへ飛ぶので、僕はアロハにセーターひっかけて帝劇に出かけた。こんなラフな格好は、僕くらいのものだった。

終わると、パッと帝劇を飛び出した。胸にくっつけていたカトレアの花を、前にいたおばちゃんにプレゼントして、グランプリの盾だけ持って飛行機に飛び乗ったんだ。

機内で酒飲んで、ヘロヘロになってハワイに着いた。友達みんなが空港に迎えに来てくれていて、朝からまた飲み始めた。飛行機で寝ず、向こうへ行って寝ずで、飲みっぱなし。手に持って飛び乗ったレコ大の盾は、仲のいいハワイの寿司屋のおじさんにやっちゃった。

「家宝にします」

なんて、喜んでくれてね。

いま、そのおじさんはサンディエゴか何かに行って寿司屋をやってるんだけど、この時の盾が飾ってあるそうだ。僕が歌い手なら大事に取っておくんだろうが、僕は役者だから、知人にプレゼントしても、ちっとも惜しくなかった。

レコード大賞は、ウチじゃ、寺尾聰がもらったね。

だけど、ウチの会社なんて役者集団だから面白いよ。寺尾が受賞したときも、ウチの連中は誰も喜んじゃいないさ。

むしろ逆で、

「『西部警察』に穴をあけやがって。あの野郎、まだ歌ってんのか」

なんて言っているんだからね。ウチのスタッフもめちゃくちゃだよ。歌謡界に知識がないというか、冷たいというかね。

授賞式に誰も行かないもんだから、コマサが専務という立場上、出かけて行ったけど、

「寺尾があんなものに出るから、俺は忙しくてしょうがない」

なんて迷惑がってやがる。ウチはそんな会社なんだ。

◆ハワイ・ホノルルの別荘ハレ・カイラニ（天国の家）で過ごす至福の時間を大切にした。

だけど、僕はレコード大賞を否定しているわけじゃない。僕も歌を歌っているから、くれるって言うならもらうけど、金を使うようなアホなことをしてまで、もらうほどの代物じゃないってこと。

だから、僕はウチの連中にも「もらえるものは全部もらっておけ」と言っている。ただし、「媚びを売ってもらうようなことは、絶対にするな」ってね。

だから寺尾の場合は、久々にフェアな受賞だよ。だって、ウチの事務所は何もしていないんだから。受賞しちゃって、まわりが「あら?」ってビックリしている。

でもね、レコ大の授賞式をテレビで見たことがあるけど、涙もねぇのに泣いたり、おっかさんが出てきたりで、見ているファンのほうも、いいかげん嫌気がさしているものね。緊張感を出そうとしているんだろうけど、ああいう演出は逆効果で、すげえシラケるんだよな。わざわざ番組の恥部を見せているようなものだと僕は思うな。

カラオケは苦手だ

僕の歌は、オリジナルで約七百曲。持ち歌以外で、レコードやテープに吹き込んだものを入れると、一千曲近くある。

そんな僕が言うのもおかしいけど、カラオケは難しいね。全然だめ。だから、酔っぱらっていればともかく、カラオケで歌うことは、まずない。

僕が初めてカラオケで歌ったのは、京都のお座敷だった。偉い人たちと飲んでいたら、順番で歌い始めて、僕も歌わされることになったんだ。あんまり気が進まなかったけど、嫌とも言えないから、

「じゃ、なに歌おうか」

と、芸者さんたちに訊いたら、『粋な別れ』をリクエストされ。僕の持ち歌だから、気分出して歌い始めた。そしたら、僕の前に座っていた芸者さんが、

「あら、お兄ちゃん、四小節くらいズレてるよ」

って言われてさ。

カラオケの伴奏をよく聞いてみたら、僕が歌うより全然先へいっちゃってるわけ。気分出して歌っているから、遅れていたわけだ。何しろ自分の持ち歌だからね。これは恥をかいたわけ。

それ以来、よっぽど酔わない限り、カラオケじゃ歌わない。歌うならギター一本とか、アコーディオンにギターの伴奏だね。これなら僕のペースに気分よくついてきてくれる。

だからカラオケで正確に歌おうなんて至難のワザだし、それを満足に歌える人っていうのは、天才かバカか、カラオケばかり歌っているヒマ人に違いないと思っている。

でも、歌が嫌いだというやつは、人間じゃないんだと思う。鳥が飛んできて、それを見た

くもないというやつは、いないと思う。花を見て、腹が立つやつもいない。歌も同じで、上手も下手もオンチも関係ない。歌わなくても聴くのが好きとか、オンチでも歌っていると気分がいいとか、それが歌であり、歌の素晴らしさだと思う。

僕の歌は、カラオケスナックやバーで、よく歌っていただいている。僕の歌が覚えやすいということもあるんだろうが、僕の歌で青春時代を送った人や、あるいは僕たちの青春とオーバーラップする戦中派が一番覚えやすい歌なんじゃないかと思う。

前に話したように、僕の歌はレコードやテープに吹き込んだものを入れると、一千曲近くになる。

だから、どんどん忘れる。レコーディングは一度に四曲くらいするから、スタジオを出て帰りの車に乗ったとたん、もう全部忘れている。譜面が置いてあれば思い出せるけど、譜面がなくなったらお手上げで、僕の場合は鼻歌も出てこない。

しかもテレビの歌番組に出ないから、自分の歌を歌う機会がない。レコーディングのとき一回歌ったきりで終わり。

だから記憶になんかまったく残らない。『ブランデーグラス』なんか、みなさん、いまだに歌ってくださっているようだけど、どんな歌だったか覚えていない。いや、覚えていないんじゃなくて、まったく記憶にないんだね。

歌い手さんというのは、歌い込めば歌い込むほどよくなっていく。だけど僕は、負け惜しみじゃないけど、歌い手じゃないんで、歌えば歌うほど飽きてきちゃうわけ。だからレコーディングするときも、練習なんかしない。スタジオに行く車の中でパパパッと覚え、スタジオでさっとおさらいして、「それ行け、本番」というほうがいいわけだ。

そして、レコーディングを終えたら、

「もう忘れました」

ってね。

歌い手さんは地方公演でも歌い、テレビでも歌い、「さあ、レコーディング」とやっている。僕がそんなことやると、レコーディングのときには飽きちゃってさ。

「次、行こうか」

ということになっちゃうんだな。

でも、いいメロディーで、いい歌詞だな、というのは、歌っていてすぐわかるし、やっぱり気持ちいいよ。そうすると、レコーディングの仕上がりもいいし、そういう曲はヒットするね。

仕事も遊びもすべて本業にする

僕が大事にするのは、曲もさることながら、日本語——つまり詞だね。車の中でパパパッと曲を覚えると言うと、いいかげんみたいだけど、詞をいかに早く自分のものにするかを考えている。作家は関係なく、僕なりの位置づけをしちゃうんだ。歌を歌う場合、それが一番大事だと思う。だから、ときには音も詞も変えちゃうけど、僕が何を歌っても、あんまりとっ散らからないのは、そういう気持ちで歌っているからじゃないかな。

よく若い歌い手で、作曲家と作詞家の先生がレコーディングのときにそばについていて、先生に言われたとおりに歌っている人がいる。日本語が、全然わかっていないからそうなるんだね。だから歌に、その人のキャラクターが、まったく出てこない。歌い手として、こういうのが一番困る。

歌の面白さの一つは、

「この歌を、彼が歌ったらどうなるだろう」

というところにあると思うから。

僕は、世間からマルチ人間のように思われている。

確かにいろんなことはやっているよ。芝居もすれば映画も作るし、歌も歌う。ヨットレースもやる。

だけど僕は、マルチ人間なんかじゃないよ。芸能界広しといえども、僕ほどものぐさで仕事をしないやつはいねぇと思う。病気前の忙しいときでも、一年間のうちで、遊びが８で仕事は2という感じだもの。あとは寝ているからね。それがマルチ人間のように見えるのは、ウチには優秀なスタッフがいるからだろう。そういう意味では、僕は楽をしている。

じゃ、何が本業かと言うと、全部がそうだね。仕事も遊びもすべて、僕にとっては本業だ。「業」と言うと、それである種の収入を得なきゃいけないから、ヨットマンというのは本業外になりそうだけど、あれは銭の稼ぎにはならなくても、人格みたいなものを養ってくれているからね。業をなして銭を得る一つの糧になっている。だからヨットは本業だよ。一番いい本業だ。

こう言うと、

「楽しい本業ですね」

と、みんなは言うけど、楽しいというのとは、ちょっと違うんだな。

しんどいよ。しんどいときは、本当にしんどい。

(調子のいいこと言ったけど、あんなこと言わなきゃよかった)

と思うときがある。

こんなこと、誰にもわかんねぇけど、コットでお守り抱いて、ひたすら神に祈っていることもあるんだ。

第六章　人生の意味

生やさしいものではない夫婦の関係

風呂に入るときに、シャツをバッと脱ぐ。

鏡に僕の裸が映る。

喉仏あたりから胃の上まで約二十八センチ。メスで切開した傷がズバッと一本の線になっている。

いまでも、見るたびに、

（エッ？）

と思う。

そして、

（ああ、やっぱり俺は胸をカチ割ったんだな）

という実感がわいてくる。

傷がつれて、まだかゆい。だから夜寝ていて、パジャマがこすれても痛がゆい。傷がケロイド状に盛り上がっているから、自分で見ても生々しいね。お腹と違って、胸は皮下脂肪が少ないから、傷口がフラットになるまでには、だいぶ時間がかかると思う。あるいは、このままなのかとも思うけど。

だけど僕は、このままの傷口であったとしても、ハワイへ行って船に乗り始めたら、以前のようにTシャツは着ない。

裸でいる。

堂々と傷を見せる。

最初のうちは、クルーとか外国人の友達はビックリするだろうけど、一回説明すれば終わりだもの。

日に焼ければわからなくなるし、わかったとしても、胸に〝傍線〟を引っ張るファッションがはやるかもしれない。傍線の先に、マジックで好きなペンダントなんか描いたりしてさ。それも楽しいじゃないか。

舌の手術のときは、麻酔が覚めたら、すぐにしゃべっていた。

動かせば痛いが、手術が終わってすぐは、まだ麻酔が効いている。全身麻酔で、局部麻酔をやっているから、しゃべっても、さほど痛みは感じない。痛みと言うより、麻酔のせいで、口の中が腫《は》れたみたいな感覚だった。

だから、まともにはしゃべれないが、相手が理解できる程度の会話はできた。腫れも、二日もたてば引くし、六日で抜糸。口の中は回復が早い。

大変なのは食事だった。噛んで飲み込むというのが、非常につらいんだ。

それにくらべれば、しゃべるというのは、思ったほど大変じゃない。言葉が明瞭でなくても、「そんなの着ないよ」「いらないよ」と言っていれば相手に伝わるんだから。

ところが固形物を飲み込むというのは、舌で巻き込まなければならないから、必ず傷のところに当たって痛いわけだ。それで結局、流動食だった。でも、あのときは、抜糸した日に銀座に飲みに行ったけどさ。

舌の手術にくらべれば、大動脈瘤《りゅう》は、しゃべれるようになるまで時間がかかったね。人工呼吸器や何か、たくさんの管を身体に入れていたからだ。

三日間くらいは、筆談だったけど、この三日間はすごく苦しくて、僕も記憶が定かじゃないんだ。

「この管を早く取ってくれ」

とか、

「エアがなくなった」

などと筆談でしゃべっていた。すごい字で、「苦しい、苦しい」と書いている。喉がやたら乾いて、「水」とか「ポカリスエット」なんてね。

◆生還率３％の大動脈瘤手術。喉仏あたりから
胃の上まで約28cmの切開傷が一本の線で残っている。

でも、大手術のあとであり、薬で朦朧《もうろう》としている何日間だから、いま考えてみると定かじゃない。覚えていないんだ。点滴を打たれて、三日間はほとんど寝ているようなものだった。

たしかに苦しいのだろうけど、

（苦しかったかな）

と記憶に残る苦しさではない。記憶自体が鮮明じゃない。

だから、それは僕にとってよかったかもしれない。もし健康で、意識がはっきりしていながら一週間も口がきけず、筆談をしたとしたら、そのほうがしんどかったに違いない。

大動脈瘤で倒れた一九八一年四月二十五日、あの日は朝から『西部警察』のロケで渋谷のドヤ街で撮影をしていてね。渋谷にもドヤ街があって、そこでオカマ相手に聞き込みをしているシーンを撮っていたんだ。

それが終わって、午後から写真撮影が始まった。二十五周年記念の十枚組アルバムを出すので、レコードジャケット用の写真を撮っていたわけ。

この日は夕方の四時半集合で、夕景夜間ロケが予定されていたが、雨が土砂降りになっていたんで、

「この降りじゃ、撮影は中止だな」

写真を撮りながらそんな話をしていた。

土砂降りの雨――そのことだけは、いまも鮮明に覚えている。
倒れたのはその直後だった。

よく大病をしたりすると、

「長い結婚生活の中で沈殿していた夫婦愛が浮かび上がってくる」

なんて言い方をしたりする。

だけど、僕たち夫婦の場合はそんな生やさしいものではなかった。

僕にしてみれば、〝事件〟を起こした張本人ではあっても、突発的に倒れたのだから、あれはアクシデントだという気持ちがいまだにある。

だけど、ウチのカミさんや周囲の人たちには、生きるか死ぬかの大病だと思っている。アクシデントだとしか感じていない僕にとって、彼らがどんな不安な気持ちでいたかを見せつけられるのは、とてもつらい。

たとえばカミさんが病院で、テントを張って取材しているマスコミの方々に、スイカを切って差し入れしたシーンがテレビに撮られている。このときの様子が、僕のことを取り上げる番組の回想シーンで入ってくるが、僕は見るに忍びない。

嫌なんだ。このときカミさんがどんな思いでスイカを差し入れたか、それは考えたくない。

カミさんもウチのスタッフも、心配で不安で、想像を絶する気持ちでいたろう。

だけど、そのことは頭では理解できても、僕は彼らじゃないから、その苦しみは本当はわからないのだ。

だから僕が元気になってから、

「よお！」

なんて友達に会って笑うと、友達が手を取って涙ぐんでくれる。

僕のほうは、どうってことない。

大変な手術はしたけど、助かった。

（もう病気は治った）

という晴れ晴れとした気持ちでいる。

涙ぐまれると、困ってしまうわけだ。

だから僕は、思うんだ。

（みんなが僕を思ってくれる気持ちはわからない。わからなくていい。それは、僕の気持ちが、みんなにわかってもらえないのと同じなのだから）と。

――石原さん、どうでした？　あのとき苦しかったですか？　とマスコミに問われたが、

「ウン。考えてみれば苦しかったけど、どうってことなかったな」

「よく考えてみれば、かなりうわの空で二週間もいたかな」

と答えた。

カミさんはじめ、みんなが藁《わら》をもつかむような気持ちのときに、本人はまるで平気だった。

だけど、もう過去のことだ。

あのころのＶＴＲは全部会社にあるが、僕は一度も見ていない。

見たくないんだ。

思い出したくもない――それが、いまの偽らざる心境なんだ。

人生観はそんなに変わるもんじゃない

「大病から奇跡の生還をして、人生観は変わりましたか？」

よく質問されるね。

だけど、変わらないんだ。

あんなもので人生が変わったんじゃ、ジキルとハイドになっちまう――それが僕の本音だね。

動脈瘤という僕の病気は、何々を節制しなかったからこうなった、というもんじゃない。

だからアクシデントだと、僕は言うわけだ。

たとえば――こんな言い方をすると、すごく無責任に聞こえるかもしれないけど――カミさんも含め、僕以外はみんな〝外野〟だとする。

僕本人は、病気はアクシデントだから、どうってことないと思っているのに、外野にいる人間は「大変だ」と言う。

実際、大変であったことは胸の傷を見れば僕でもわかるが、外野のみなさんが「大変だ、大変だ」と言っている最中は、僕自身は何も知らなくて、

「手術をするのか。じゃ、行ってくるぞ」　――そんな感じだった。

手術当日の病院は、十重二十重の人で、しかも嵐のような雨が降ったなんてことはまったく知らなかった。手術前の十何日、手術後一カ月間はまったく表から遮断されていたから、何があったか知らない。テント村ができたという話を聞かされたのは退院前のことだ。騒動の原因は僕なのに、当の本人は事情を何も知らなくて、六時間だか七時間だか麻酔されているにすぎなかった。

人生観が変わるも変わらないもないのだ。

手術の後、集中治療室に二週間というのは異例の長さで、

「マルセイユへ行ってアラン・ドロンと契約しろ」

とか、

「ウィーンで俺がピアノの独奏会をやるぞ」

とか、うわごとを言っていたそうだが、それは高熱と薬の作用で、いま思えば夢うつつの状態だったのだろう。

正気じゃなかったのだ。

大病で人生観が変わるというのは、生きるか死ぬかの苦闘と葛藤が一年ぐらい続き、あげくの果てに大手術をしてやっと治り、本当に奇跡のカムバックを果たした——こういう人だと思う。

僕もそうなら、人生観が変わったろうが、僕の意識としては、

「何か石に蹴つまずいて、上から看板が落っこちてきて、頭にコブができて入院した」

といった気分だった。

大動脈瘤という診断が下って大騒ぎになったけれども、それは結果論だ。

なぜなら、撮影中に腰が痛くなって、自分で救急車を呼んで、慶応病院へ搬送してもらった。てっきり腰痛が出たのだと思っていた。だから病院に着くと、整形外科の助教授をしているクラスメートを探してもらったのだ。

あいにく不在だったので、彼の部下の医者に、

「これ、ヘルニアだから注射打ってくれよ」

と言ってから、病室の手配を頼んだ。

だから、倒れたことは間違いないのだが、ぶっ倒れて気を失ったわけでもなければ、血へドを吐いたわけでもなく、まったく普通にしていたんだ。

実はこんな話があるんだ。

手術の前に、コマサとテツに「いいか、聞いてくれ。俺の手術の様子をカメラマンの満ちゃん（金宇満司元常務）に全部撮らせてくれ」と頼んだんだ。満ちゃんは『黒部の太陽』の時トンネル事故で水に流されてもカメラとフィルムを水から守った怖いものなしの男だからプロ根性がある。

これには二人とも驚いたが、すぐに満ちゃんを呼んで「しっかり話を聞け」と言って、「社長から命令が出たんだ。自分の手術を金宇満司に全部撮らせろ」とやったんだ。

満ちゃんは、「社長が、生きるか、死ぬかという時に、俺はそんなことはできない」とショックを受けて断ってきたんだけど、コマサとテツは、ひたすら頭を下げてお願いしたそうだ。満ちゃんは、「カメラマンの仕事をしてきて、こんな仕事の命令を受けたのは初めてだ」と二人に話したと言う。

僕としたら、生きても死んでもたいへんな手術というからには、記録として克明に撮っておきたかった。

それで手術前に主治医と交渉させたんだが「集中治療室には医師らしか入れないのでダメだ」と断られ、その代わり病院の事業用のVTRならと言われたのだが、僕の顔が映ってないんじゃおもしろくないし、誰の心臓だかわからない。すごい長い手術になるので、僕としてはやはり、ストレッチャーで運ばれて、ドーッと入っていって「メス！」と言うところから終わるまで回したかったんだよ。結局慶応病院に断られて叶わなかったんだ。あとで満ちゃんに聞くと「たとえ許可が出ても、入れなかっただろうし、入っても社長の顔を見たら、無理だよ！　ひっくり返っちゃっていたと思う」と辛そうに答えてくれた。テツはテツで、「ほんとうにマジで考えていたんですよ。それじゃ、録音を誰にして、どう動かすか」と考えていたことを話してくれた。

これには僕は泣けたね。

ただ、後になって、怖かったな、と思うのは、ちょうど手術の日――連休明けの五月七日は、予定では宝酒造の大宮社長たちと台湾へゴルフをしに行っている日だった。もし撮影中に腰が痛くならなかったら、病院には行かないで、台湾へ飛んでいた。そうすると、心臓病の医療水準から見て、たぶん死んでいたと思う。

あるいは地方ロケに出ていたら、同じようにだめだったと思う。最高水準の医療技術を誇る慶応病院の近くで倒れてよかったという思いも、ふとよぎるときがある。

しかも担当してくださった井上先生が、「趣味は病院」という人で、休みにもかかわらず、病院に飛んできてくれて、一目見て診断を下し、すぐに集中治療室へ運ばれた。

あとで聞いたら、そのとき僕はもう身体が動いていなかったそうだ。生還率も三パーセントだったという。集中治療室に運ばれる前、朝九時ごろ、当直でいた心臓外科の先生にカミさんは言われたという。

だけど、僕はそんな経緯をまったく知らないでいる。

だから人生観が変わったということはないんだ。

むしろ人生観が変わらなければ悪いみたいに言われることに、ショックを受けた。

いまだに、そのショックは尾を引いている。

取材などで、大病と人生観について質問されると、

(日本中をあれだけ騒がせたのだから、人生観が変わり、坊主にでもなって、お経でもあげなければ世間はおさまらないのか)

冗談じゃねぇ――そんな気持ちになってしまう。

表現はうまくないけど、外野だけが騒いでいて、本人は、悠々としていたわけではないが、知らないという強さがある。

だから「人生観が変わったか」という捉え方には、とても迷惑をしているんだ。

運だけでは乗り切れないと思う

僕が入院していた慶応病院は、三、四階が心臓外科になっていて、そのうち三階は全部、心臓疾患の子供たちが入院していた。

僕が散歩できるようになってから、屋上に上がっていると、車椅子に乗った可愛い子供た

ちが、お母さんや看護婦さんに付き添われてやって来る。顔なじみになった子供たちも何人かいた。

子供に多い心臓病は、生まれつき心臓に穴が空いているものだという。彼らはハンディキャップを背負って生まれてくるんだ。

手術は、二回に分けて行うのだという。体力的な問題を含め、負担が大きすぎるからだそうだが、過酷な大手術を二回もしなければならないとは、子供たちがあまりにかわいそうだった。

その手術も、成長過程にあるため、諸条件がそろわなければ手術ができないという。だけど、子供たちが大人へと成長していく過程で、心臓病という大きな、そして生まれながらのハンディを克服したならば、後の人生に非常にプラスになるだろう。努力とか、忍耐とか、信念といったものが身につく。

だから頑張れ――。

心の中でエールを送りながら、僕は、子供たちの健気に闘う姿にどれだけ励まされたことだろう。

一九八一年の九月に退院して、最初に迎えた正月は、ハワイでなく自宅で過ごした。

食事療法をしているので、おせち料理は食べられないけど、女房がアレンジしてくれたものを少しつまんでね。退院後、初めてアルコールを唇に浸したんだ。

僕が正月に家にいるというので、ウチのスタッフ連中が、お見舞い方々、新年の挨拶に来てくれた。彼らに三つ重ねのお屠蘇《とそ》の盃を渡して、それに僕が酒をついだ。

兄弟仁義じゃないけど、

「今年もよろしく」

と、改めての契りを結んだ。スタッフたちの喜ぶ顔を見ながら、僕は心引き締まる思いを噛みしめた元旦だった。

暮れに最終検査に行った。結果は非常によかった。

ただ医者は、一応、二年は気をつけろということで、

「春先の三月いっぱいぐらいまでは、薬をこのまま続けてください」

ということだった。

その年もまた、忙しくて毎日があっという間に過ぎるようなスケジュールが組まれている。

そういう意味でも、正月は感無量と言うのか、今年一年、大事にしていきたいと思って過ごした。

退院して以来、——八月十七日から、野菜専門の食事に切り替えた。

たとえば、本来なら七面鳥や肉類が並ぶクリスマスでも、去年はこんなメニューだった。

カミさんの苦心の料理で、野菜がだいたい十六種類から二十種類だ。アボカド、カボチャ、

ジャガイモ、サツマイモ、ホウレンソウ、トマト、アオジソ、サニーレタス、レタス、セロリ、タマネギ、ニンジン、ブロッコリー、インゲン、ピーマン、アルファルファ、マッシュルーム、パセリ……。

この中で加工してあるのは、カボチャとか、生で食べられないものぐらいじゃないかな。あとは生か、ちょっとゆがく程度だ。

これに塩分とオイルを抜いたツナの缶詰を加えて、一皿に入れてしまう。

さらに味つけとして、オレンジ、キウイ、リンゴ、イチゴ、洋ナシといった季節のフルーツを入れる。もちろんドレッシングは塩分抜きのやつ。

ロケーションに行くときは、これらの食材と、カミさんが書いたメモを持参して、ホテルのシェフに、

「こういうふうに刻んでくれ」

と説明すると、たいてい驚く。カミさんには、本当に頭が下がる。

ただ、僕は野菜も果物も好きだし、うまいから、どうしても腹いっぱい食べてしまう。過食すると太ってしまうので、当分は多少の果糖以外は一切口にしないようにしている。自分で決心してやり始めたことで、いまだにそれは続いている。

女房が、

「もうそろそろいいんじゃない」

と言うが、別に苦じゃないし、体調もいいので続けている。消化もいいしね。快便でもあるんだ。

たまたますごい病気をしたのが、みなさんの力で助かることができた。

強運と、人は言う。

たしかに運もあったと思う。

だけど、もしあのとき体力がしっかりしていなければ、おそらく死んでいただろうと思ってる。

医者も言っていたけど、長丁場の大手術に耐え、手術前後の危なっかしい容体を乗り切ることができたのは、体力のお陰だと思っている。自分で言うのもおかしいけど、僕は土壇場には強い。

僕はガキのころから、何をやらせても頑張り強かった。そういうことが、今回の闘病につながるのかどうかはわからないが、最後まで望みを捨てないという粘っこさみたいなものはあったんだ。

そして今回の大病を通じてつくづく感じることは、自分を信じることの大切さだと思う。

(死ぬ？　ふざけんな。僕はこんな病気には絶対負けない)

そう信じていたし、自信もあった。

◆まき子夫人の献身愛に支えられ
人生を越えてきた。

もちろん、日常生活において過信はよくないさ。ムチャをやりすぎると、ポックリ逝ったりすることもあるからね。

だけど、土壇場のときに相手を呑むという気迫は、絶対に必要だと思う。そういう気迫、体力、ファンの応援、そして医学的な微妙なタイミングがうまく作用して、今回、命が助かったのだと思っている。

人生は貧相になってはいけない

気力を保つためには、体力の裏打ちがなければだめだ。

僕は体力には自信がある。変な尺度だけど、朝まで飲んでも全然平気だ。

だから、

(過信しちゃいけない)

と思いながらも、心の底ではひそかに体力を誇りに思って、

(まだまだ大丈夫だ)

とかね。

それと、いくら身体を鍛えても、生活の豊かさのようなものがなければ、人間は貧相になってしまう。食べ物がいいとか悪いとか言っているんじゃなくて、生活の基準だね。生活の

基準が低いと、人生は貧相になってしまう。

たとえば僕と同じジェネレーションに、プロ野球の金田正一氏や長嶋茂雄氏がいるけど、彼らのような時代を代表する名選手は、みんな若い。

日々練習で規則正しく身体をいじめて、鍛錬してきた身体を持っているからだ。普通のサラリーマンとくらべれば、二十歳は若いと思う。

そして、見落としてはならないのは、体力だけでなく、心の持ち方が優雅だということだ。鍛えた身体に、優雅な心を持てば、若いのも当然だろう。

身体を資本に突っ張れるのは、ある程度の年代までで、それ以後のタフネスは、華麗でなければならないと僕は思っている。


人間は、誰もがみんな孤独だという。

だから逆を言えば、一人になることに耐えられる人間のほうが強いってことでもあるんだな。「一人で何日でも過ごせますよ」――こういう人間は強いよ。

もちろん、酒を酌み交わしながら何かを語る、なんていうときは大勢のほうがいい。勝新じゃねぇけど、知らないあいだに大勢いて飲んでいる、みたいなね。僕も、飲むときってのは大勢が好きだ。一人で飲むのもよくないけど、酒飲みながら二人きりでしゃべっているというのも、感心しない。

だけど一方で、一人でレコードを聴きながら酒を飲む芸当も、できなきゃいけないと思う。僕なんか、そういうのはすごく好きだね。

僕はね、人から思われているほど、賑やかな人間じゃないんだよね。賑やかなところが好きじゃないんだ。

だから、どちらかと言うと、孤独に耐えるんじゃなくて、楽しむほうだ。ウチのなんかは人恋しくなるタイプで、そういう人間は多いけど、僕は逆に、人恋しくならないんだね。いまだに、そうだ。

僕が孤独を楽しむようになったのは、青春時代――つまり大学の終わりころに日活に入って、あれよあれよのうちに祭り上げられ、人の波の中で育ったからだと思う。地方にロケーションに行けば、ファンや見学者が、うじゃうじゃいて、外にも出れない。若いから、そういうのは鬱陶しいんだ。

ほかのヤツらは、どっか町へ飲みに行って遊ぶことができるけど、僕が行くと、町がブッ壊れちゃうんだから。町へ出ようとすりゃ、警察の私服が六人もついちゃってね。映画を観に行こうと思えばついてくるし、朝ジョギングすりゃ、車でついてくる。煩わしいことだけど、僕が動くことで、みんなに迷惑をかけちゃうわけだね。

(じゃ、俺は動かないほうがいいいんだ)

ということになる。

そういうときは、不思議と我慢できるものなんだね。

だけどね。「自分の時間」という空間はあるんだけど、何もできねぇわけだな。「今日は、銀座まで出て、映画観て、買い物でもして一杯飲もうか」なんてことができないんだよな。

デパートなんかもちろん入れないし、銀座の裏通りのショッピングもできない。飲みに行くといっても、決まったところに行くぐらいでね。そういう意味では、自由じゃなかったよね。

だから若い当時から僕は、〝人の波〟から逃避したいという意識ばかりがあったわけだ。孤独に対する恋しさというのかな。一人でいることなど、まずありえなかったから。

だからいまでも、たとえば我が家には、若い連中がたくさん来て賑やかにしゃべったりしているけど、僕は自分の部屋に一人で籠もって、誰にも会わないという日もある。会いたいとも思わない。そんなこと言うと、すげえ冷たいようだけど、できるなら今日は一日一人でいて、メシを食うときだけ、カミさんが持って来てくれるなり、女中さんが来てくれるぐらいでいいなって日が、けっこう多いね。

だからパーティーなんか、努めて行かないようにしている。もちろん行けば行ったで知った顔はたくさんいるよ。だけど、すごく気疲れする。くたびれるだけだ。それなら、自分が行きつけの飲み屋で飲むか、家でレコード聴きながら飲んでいるほうがいいというふうに、僕はなっちゃうんだね。

逆を言えば、孤独でいることが好きだからこそ、会社で若いスタッフたちと酒を飲むときは、大勢で騒ぎたくなるんだろうな。

「明日、仕事が早いやつだけ帰れ」

と言って帰し、あとの連中を残しておいて酒盛りが始まる。

「時間の許す限り、今日はおまえら、帰んな。いろよ」

みたいなね。

そういう意味では、僕の場合は、孤独という言葉はすげえ寂しそうに聞こえるけど、僕にとっては、ちっとも寂しいことじゃない。むしろ、ストレス解消になっている。だから、「一人になって、寂しくなって、孤独になって、孤独地獄に陥って抜けきれない」なんていうのは、ちょっと理解に苦しむんだけどさ。

「孤独地獄」と言うけど、「孤独」に「地獄」はねぇだろうし、孤独に落ち込みすぎちゃったら、落ち込んだほうが、よっぽど孤独を楽しめていいと思うんだ。ハンチクな孤独よりは。

ただし、孤独を楽しむには、優雅じゃなきゃいけないと思うんだ。優雅っていうのは、お金があって云々ということじゃなくて、心のゆとりみたいなものだね。心の持ち方と言うか。生活だって、毎日が四苦八苦だったら、孤独も大勢もねぇと思うんだ。心に余裕があるから、孤独を楽しんだり、大勢の人に自分の心をゆだねたり、紛らわせたりしてみたりというコントロールができる。

それには自分の生活環境というのを自分で確立して、ある程度は豊かじゃないと、そういう芸当はそこに存在しないし、できないんじゃないかと、僕は思うんだ。

神の力を信じる

大動脈瘤の手術では、たくさんの人からお札をいただいた。入院先の慶応病院では、病室の他に応接間があって、会社へ持っていったお札以外にも、洋服ダンスにいっぱいになるほどあったんだ。

その応接間を急きょ神棚に変えちゃってね。僕が歩けるようになってからは、毎朝、必ずそこへ行って、命を助けてもらったお礼に、参拝をしたんだ。

神頼みというんじゃないけど、手を合わせると、何かそれで安心するんだね。人間て、そんなもんじゃないかな。

あれだけの大病をしながら、奇跡的に助かったんだから、医学とか科学を超えた何かがあったのだと思う。それは神の力かもわからない。

「じゃ、神って何なんだ」

と、訊かれれば、答えようがない。だって、実体なんか、何にもないんだから。

だったら、たくさんの方々からいただいたお札などを神と崇め、「助けてくださって、本当にありがとう」と感謝すればいいんじゃないかとかね。そう考えたわけさ。

神棚は特設で、洋服ダンスの上につくったものだから、次に別の患者さんがこの部屋に入院すれば、そこは長靴の置き場になっちゃうかもしれない。

だけど、僕としては、感謝の気持ちをあらわす拠り所は、この神棚しかなかったんだ。爺くさいと言うかもしれないけど、あのときの心境を振り返れば、それでよかったと思っている。

もちろん、

「そんな板っぺらに頭を下げたって意味ねぇじゃねぇか」

と言われれば、それまでだけど、神様の力が働いたであろうと、信じる気持ちを何かで表したいとなると、やっぱり神様に手を合わせることしかないと思う。そういうときの荘厳な気持ちが人間にあれば、何も宗教団体に入る必要はないんじゃないかなと、僕は思っているんだ。

僕が、〝神が宿る〟ということを、実感として理解したのは、エジプトに行ったときだ。ルクソールのキングスバレーってところは、砂漠、砂漠で、砂丘なんて、丘じゃなくて山になっているんだけど、変な話、ここで僕は用を足したんだ。

そのとき時刻は昼の二時。気温が五十何度あるんだから、虫一匹、出てこない暑さなんだ。用を足しながら、ふっと思うと、真っ昼間なのに、すごい静寂なんだ。その静寂の中で、太陽が砂を焦がして音がするんだ。

何とも言えない音でね。砂を焦がす匂いもする。何か地球の果てみたいな匂いというか、あれは天体の匂いだと僕は思った。

そして夕方になると、でっかい太陽が、目の前で沈んでいくわけだ。

山の端にね。そうすると、キングスバレーの影の中から誰かがお迎えに来て、タイムトンネルじゃないけど、神々の世界へこのまま連れて行ってくれるんじゃないかって気になったものだ。

アラブは信仰心が深いって言われるけど、それは風土や環境のせいもあるんじゃないかと思うね。

環境と言えば、ヨットレースのときには、みんながお守りをくれるし、自分でも持っていくから、お守りが両手で抱えるほどになる。神様同士が、ヨットの中で喧嘩するんじゃないか、なんて思いながらも、それを大事に持って乗船するんだ。

そして海がシケてきたら、バースに入って寝てから、密かに全部のお札を出して拝むわけ。若いクルーに見られたら、恥ずかしいからさ。

これが僕の神頼みだね。

いろいろあるのが夫婦

ウチのカミさんは、過去の話をするのが嫌いなたちなんで、彼女が病気したことは、ほとんど知られていないと思う。

身近な人でも、もちろん僕の会社の人間も知らないだろう。昭和五十五年の二月、カミさんは子宮筋腫の手術で、二週間ほど入院しているんだ。

もちろんカミさんが病院にかかっていたことは知っていたし、心配だったけど、どうしてもはずせない仕事があって、僕はウチのスタッフを連れて、お客さんたちとハワイへ出かけていた。

そこへ、カミさんから、手術するという知らせが来たんだね。入院日も決まったって。僕は仕事を切り上げ、入院日に合わせて日本に帰った。入院日ぎりぎりまで仕事をしていたから、成田空港から病院に直行だったね。

いつも、あれだけ元気な人が入院しちゃったんだから、本当に僕も悩んだ。普段、それほど神棚を拝むことのない僕が、カミさんの入院中は、「手術がうまくいきますように」と、灯明をあげて手を合わせたんだ。神頼みをしたなんて、ヨットレース以外では、初めてかもしれないね。

それで、手術に臨んだ。

幸いなことに、手術はうまくいったし、カミさんは健康だったので回復も早かった。神様に手を合わせるのも、カミさんが退院したら、やめちゃってさ。現金なもんだ。

ただ、心配だったのは、一つの臓器を取ると、体内のバランスが崩れちゃって、必ずどこか悪くなるんだってね。そんな話を聞いていたので、どうかな、と気になっていたんだけど、幸いにも、それはなかった。

カミさんの病気は、ホルモンのバランスが崩れる病気なので、薬の投与が必要なんだけど、この薬は習慣になっちゃうんだ。怖いよね。だけど、薬を飲まないと、今度は自分がつらくなるわけだ。

カミさんは、頑張った。

「薬は習慣になるから、絶対にいやです」

ってね。絶対に飲まないんだから。

だけど、薬を飲まないから、唇が乾いたり、顔から相当の汗が出たりするんだ。それも周期的に来る。本人はつらかったろうに、それでも我慢した。頑張り屋さんなんだ。おかげで彼女は、薬に頼らないで、すっかり健康を取り戻したんだね。

ところが、彼女が手術をして、まだ傷口が痛いとか、つれるとか言っている翌年四月、今度は僕が大動脈瘤で倒れちゃって、カミさんは自分の病気そっちのけで、僕の世話をすることになる。自分の病気をしているヒマさえない――それが、僕のカミさんなんだね。

「ちっとも体形が変わりませんね」

ウチのカミさんは、人様からよくそう言われる。

だけど、一時期は、太ったり痩せたりしたことがあるんだ。ウチの会社がつぶれそうになって、そのうえ僕が胸を悪くして熱海に一年入院したときは、彼女、三十七キロぐらいまで体重が落ちた。

あの身長で三十七キロといったら、その痩せ方たるや、浅丘ルリ子なんていう比じゃない。信じられないくらい痩せた。

反対に太ったときは、

「おう、〝成城の北の湖〟。ワイキキのビーチで四股《しこ》踏んでこい」

なんて言ってさ。

彼女に合うムームーがなくて、特大のやつを買って、

「ちょうどいいわ」

なんて言ったときもあった。彼女は顔が小さいから、太っても顔に出ないんだね。だから、他人は彼女が太ったことがわからない。

でも、僕の大病で心配をさせてからは、カミさん、女優をしていたころのウエートに戻った。それを「愛」と言うのかもしれないけど、女房っていうのは、亭主が心配をかけたとき

に、人相も体形も変わるんだね。

いま僕とカミさんは、ベッドを別にしている。家の中を歩いていて、身体と身体が触れあいそうになると、お互い、無意識にふっとよけるんだ。

もちろん、嫌だからよけるんじゃないよ。テレ臭いというのか、そういうの、わかってもらえるかな。

「あっ、失礼」

「エクスキューズ・ミー」

そういう感じのやつ。お互いが、もう、パッとそうなるんだ。

気持ちは若いけど、年齢的にはもう若くはないんだから、いまさら手をつないだら気持ち悪いやね。こういう夫婦もあるんだよ——という一つのケースだと思ってもらえばいい。

だけど、それでもカミさんに対する愛情は世界一だと思っている。僕にとって、最高の女房だね。

「いま幸せですか？」

と訊かれて、

「いや、まだまだ」

なんて言ったらバチが当たるだろうね。

十二月二日は僕たちの結婚記念日だ。

「お互いが空気みたいな存在」と言うとキザになるけど、長年連れ添った夫婦というのは、そういうもんだろうと思う。

ましてや僕は、あれだけの大病をした。カミさんの献身的な看護がなければ、たぶん僕はもうこの世にはいなかったろうね。

だからカミさんは、もう本当に僕の身体の一部になっている。これからは、本当に夫婦間に何のトラブルもないだろう。

甲羅を経て、僕たち夫婦は、そういう時代に入ったということかもしれない。ウチのカミさんは酉年なので、すべてのことに、きちんとケジメがつかなければ気がすまないタイプでね。

だから徹底してるんだ。

いま一日の塩分摂取量が決められているので、それをいかにフレッシュな食べ物で食べさせるか、ということで、彼女の毎日が明け暮れている。

本人が自分で買い物に行って食材を探し、選ぶところから始まっている。一日が僕の食事づくりで終わってしまう。

本当に感謝している。

カミさんのこの献身愛がなかったなら、僕の命はもたなかったろう。

「青い春」と書いて、青春と読む。

だから、青春時代と言うと、若いときになってしまう。

でも、振り返ってみると、僕はずっと青春だったような気がする。

今日という一日を全力で生きる喜びに感謝

一週間前を振り返って、

（ああ、よかったな）

と思える人は幸せだと思う。

十年、二十年前という、セピア色の思い出ではなく、一週間、一カ月前、あるいは一年前という鮮明な〝昨日〟を振り返り、そのときの喜びを将来の励みにできる人は幸せだ。

「ああいうことが一年前にできたんだから、今年もやろう」

「来年は、それに輪をかけてトライしてみよう」

それは何でもいい。

ちっちゃなことでも構わない。

バカバカしいことでもいいのだ。

「縄跳びが今年は百回できた。よし、来年はそれを二十回増やそう」――そんなことでもいい。ちっちゃいこと、ささいなことが積み重なり、相乗し、やがて大きなものに膨れ上がっていく。

その過程を「青春時代」と呼ぶのではないか。

十代は十代の、四十代は四十代の、そして六十代は六十代の青春があると、僕は思っている。

小樽、湘南、太陽族、ヨット、喧嘩、日活、結婚、独立、成功、失敗、負債、大病、そして生還――。

エピソードを年代で羅列したら、僕の半生は空白の部分がなくなる。

すべてが青春だった。

大病も、青春の一ページを飾るハプニングだったと、いまは思っている。

「青春時代」は、そこにあるものではない。

自分でつくるものだ。

「死ぬまで青春時代」

そう言える自分でありたい。

いや、自分にそう言い聞かせ、前途に希望と期待を抱き、今日という一日を全力で生きる悔いのない自分でありたいと願っている。

◆永遠の愛——。

特別編集1

ビッグ兄弟対談

「あの夏の日の午後を語ろう」

石原裕次郎vs石原慎太郎

この対談は「ペントハウス」'87年（昭和62）1月号で掲載された。
対談が行われた時、兄の慎太郎氏は弟の余命が長くないことを予感していた。
二人の兄弟は、過ぎ去りし青春の日々を時間をおしむようにして語り合った。
文字どおり兄弟にとって最後の語らいの時間となった。
この年の7月17日、弟は時の彼方へ旅立った――。

裕さんすごい酒の量だったもの。
それに酒グセが悪い、飲むとすぐ喧嘩だったな

慎太郎　（部屋に入ってくるなり）顔色よくないね。やせたんじゃないの？
裕次郎　やせてないよ。
慎太郎　齢はいくつになった？　51歳か？
裕次郎　もうすぐ52歳になるよ。
慎太郎　お互いおやじの死んだ齢を越したわけだ。
裕次郎　若死にだったな、おやじは。
慎太郎　おやじが死ぬ直前の写真を見ると、今の俺たちよりずっとふけてるね。
裕次郎　ふけてるふけてる。すさまじいストレスだったんだろうな。
慎太郎　「俺は仕事に殉じて死んでもいい」っていいながら本当に会社で死んじゃった。ちょうど造船疑獄があって、会社の上の人が皆いなくなった。それでおやじが若くして重役になった。仕事のやりがいもあっただろうけど、高血圧だったし、30代で倒れ、40代で倒れ、結局3度目で死んじゃった。裕さんも、ちょっとおやじに似てるところがあるな。

裕次郎　5年前は心臓の動脈瘤の大手術をやったし、この春は肝臓がイカレた。でも、だいぶ良くなったよ。

慎太郎　もともと飲み過ぎだよ、酒の。

裕次郎　そんなことというと、まるでアルコール性肝炎みたいじゃないか（笑）。いまでもよくわからないんだけどね、肝臓の一部に菌が入ったんだよ。

慎太郎　いや、メチャメチャな酒の量だったもの、身体に酒のツケがたまってるんだ。

裕次郎　心臓の大動脈がちょっと奇形にはなってたけどね。俺以上にメチャクチャやってて元気なやつだっているんだし。今は一滴も飲まないからな。

慎太郎　いや、今は飲めなくても、人が一生で飲む酒の3倍ぐらい飲んだんだから。

裕次郎　ハハハッ……。

慎太郎　葉山にロケ隊が来て「裕次郎さんが暴れてどうしようもないからお兄さん来てくれ」っていうんで飛んでった。行くと裕さんが、「おう、兄貴、来たか」って目が座ってるわけ（笑）。

裕次郎　俺は暴れたことないよ、酒で。

慎太郎　裕さんは酒グセ悪いんだ。まず飲むとすぐ喧嘩だ。おまえは昔から人のいうこときかない頑固モンでな。たまに女の家から帰ってくると、いつもコタツでおふくろにクドクドお説教されてた。おまえは、おふくろの話を聞いてるふりしてるだけでな。おやじが死んだ時の弔慰金なんかも勝手に銀行からおろして使っちゃうんだ。パッパパッて飲み回ってた。

裕次郎　兄貴はすぐそういう話をして俺のイメージダウンを計るんだ（笑）。

慎太郎　本当のことだからしようがないだろう。とにかくウイスキーなんかだと、アッという間に2～3本を飲んじゃう。

裕次郎　兄貴だってそうじゃないか。

慎太郎　ロケで差し入れてもらった中瓶の焼酎を2ダース飲んじゃって。スタッフのやつに「あいつは何本飲んだ」って聞いたら、「15本は飲んでました」だって。

裕次郎　アハハハ、焼酎15本も飲めるわけねえじゃねえか（笑）。

慎太郎　飲むよ、おまえだったら。次の日心配で電話をかけてやったら、「誰が兄貴にいいつけた。バカヤロウ、よけいなことしやがって。俺はそんなに飲んでない。12本しか飲んでないぞ」って（笑）。

裕次郎　スタッフ全員で2ケース飲んだかな。

慎太郎　あれだけ飲んでれば、そのうち絶対に身体悪くすると思ったね。ま、自業自得だ。

裕次郎　役者というのもいろいろたいへんなんだよ、人間関係なんかでストレスがたまるわけ。それで酒を飲む。自分を解放するために。社長業の二足のわらじもあるしね。

慎太郎　それにしても酒グセは悪いよ。パーティなんかで他人の喧嘩を仲裁してさ、理由聞いて、「それはよくない。男らしくもう1回やれ」って（笑）。言われたほうは「もういいです」「いや、やれ！」ってけしかけ、目の前で殴り合いさせてんだから（笑）。

裕次郎　酒グセはいいよ。俺ほど酒グセのいいやつはいないから。

慎太郎　いやいや俺の前ではよくないな。俺が結婚する前の晩、おまえ、泥酔しちゃってな、結婚には反対だって。手刀でコップを叩き割ったんだ。手を切ってさ、血はドクドク出るし、仕方なく医者に連れてったら……。

裕次郎　早すぎるもんね、結婚。

慎太郎　医者に毒づくもんだから、医者も怒っちゃって、乱暴にギュッ！　てキズ口縫うわけだ。「痛くない！　痛くない！」って悲鳴をあげてたな。で、俺の結婚式におまえだけ白い布で腕をつって写ってるんだから（笑）。

裕次郎　そんなこともあったな。今でもまだ指の神経がおかしいよ。

慎太郎　ところで、その齢になって病気ばっかりしていると、人間の死に方とか生き方とかを考えるだろう。俺なんかより考えているんじゃないか。

裕次郎　死を考えるってことはあるね。入院中にってことじゃなく、調子の悪い時に、何回も考えますよ。

慎太郎　微熱がずうっと続いてる時なんて、どんな感じがする？

裕次郎　そんなの平気だよ。

慎太郎　昔から、裕さんは耐えることに強い。

裕次郎　人生、耐えることなのよ（笑）。

慎太郎　死線を何回もさまよってると、人間強くなるのかな。

裕次郎　いやいや、そんなことないよ。病状が回復してきて、客観的に冷静に自分を見つめられる状態の時が怖いな。死を意識しちゃう。

慎太郎　ひと頃、寝れないっていってたけど、いまはどう？

裕次郎　人間の身体って不思議なもんで、満ち潮と引き潮があるように、ある時、すうっと元どおりに元気になることがあるんだ。とにかく、これ以上具合が悪くなったらノイローゼでパンクするなっていうような時、電気を消して寝るのが怖くなる。なんで俺だけがこんな病気にならなくちゃいけないんだって、ほんとに恨んだね、病気を。

慎太郎　おまえ、動脈瘤を手術した時、ジープに乗って川原を走ったって夢……。

裕次郎　三途の川だろう。あれは、夢じゃなく現実なんだ。

慎太郎　すごい話だな。

裕次郎　ジープじゃないんだ。自分が寝てるベッドが、水陸両用車みたいなもんなんだな。揚子江みたいな川で撮影してるんだ。で、よくみるとスタッフの皆が、頭に三角の頭巾をつけてんだよ。遠くが見えないの、薄茶色のもやがかかって……。もやっていうのは、スモークたいてるわけですよ。で、その水陸両用車を出すのか出さないのか、なかなかGOにならない。俺は身体の調子が悪いんだからとにかく早く出せって。出してとにかく向こうまで行って、ダメだったらリテークすりゃいいじゃねえかってことを、看護婦に盛んにいってるわけ。

慎太郎　うわ言を続けてるんだな。

9月の海、北から風を受けてヨットを走らせる。今でもキューンと胸にくるね

裕次郎　いや、違うよ。実際に話してるんだ。スタッフの声もよく聞こえてたしね。結局、水陸両用車は発進しなかったけど、してたら死んだんだろうな。錯乱してるんだ、その時は。とにかくそんな夢と現実の間を彷徨《さまよ》ったのが10日も続いたんだから。マネージャーを呼んで、すぐマルセイユに飛べ、アラン・ドロンと契約してこい、とかね。それを夜中の3時に言ったり、そんなことを繰り返してたわけだけど、受け答えしてくれた看護婦さんは、全部覚えててくれてるというし、僕の記憶と照合してみたいな。

慎太郎　三途の川に足をかけて、それでも治ったんだから、つくづく身体を大事にして欲しいね。なんで映画のビッグスターというのは、揃いも揃って後年トラブルが多いのかね。アメリカでも同様だね。ジョン・ウェインは癌で亡くなったし、ロック・ハドソンはエイズだった。あまり仕合わせでない。おまえは、「俺は不死身だ」なんてバカなことをいってるけ

◆兄弟は湘南の海をこよなく愛した。

ど、動脈瘤を手術して治ったのも、ファンの人たちが回復を願ってくれた想念のおかげだと思う。しかし、裕さんも弱くなったな。

裕次郎　あの手術以降っていうのは、身体の中の細胞が変わっちゃって、病気しやすくなったんだろうな。ノーマルじゃないんだよ、やっぱり。今は、これ以上管理できないってぐらい自分で管理してる。

慎太郎　この前も、ヨットに乗ったら風邪ひいただろう。

裕次郎　いや、ヨットに乗ると調子いいんだ。回りにクルーはいるけどね、ま、1人になれるわけで、誰もいないっていうのは最高のストレス解消だな。「1人になりてえー」っていう願望は、凝縮された火の玉みたいになって心の中にあるんだろうね。

慎太郎　いよいよダメになったら、ヨットに1人で乗って太平洋の真ん中で死ぬんだな。

裕次郎　いちばんいいね。好きなワインとパンをいっぱい積み込んでな。

慎太郎　そしたら死なずに、太平洋渡って向こうへ着いちゃうよ（笑）。

裕次郎　そうかも知れないな（笑）。

慎太郎　ヨットっていやあ、やっぱり、俺たちの育った湘南の環境はよかったなあ。

裕次郎　親に感謝しなきゃいかん。とにかく海しかない。遊ぶ相手は、ヨットだったり、ローボートだったり。

慎太郎　サラリーマンのおやじにせがんで、当時3万円のディンギー（ヨット）を買わせてさ。おまえのほうが先にうまく乗りこなしちゃった。おまえだけが女の子乗せていい思いしてるのがくやしくってね。おまえがいない時をみはからって1人特訓したもんだ。あのディンギーを乗りこなした夏の日の午後は、最も満ち足りた一日の思い出だね。

裕次郎　あのディンギーは大いに悪いことに利用したな、俺は。女の子を乗せすぎてチン（沈没）したりさ。

慎太郎　あの頃の湘南地方っていうのは、日本のコート・ダジュールみたいなところがあって、川も海岸もきれいだったしね。夏の海水浴客がいなくなりだす、初秋の逗子の海岸は最高だった。ディンギーに乗って秋風が吹くようになった岸辺を、センターボード上げてずうっと走るわけ。海岸で散歩している人の話が聞こえるぐらい水際のところを走るんだ。「今は、もう秋」あのシャンソンの世界だった。

裕次郎　よしずの仮小屋が海岸からなくなった、その頃の海がいいね、9月の。北から吹いてくる風に、センターボード上げて、岸をなめるように、いわゆる逆ヒールさせて走るわけだ。ヒタヒタ、ヒタヒタって、逗子の湾を行ったり来たりする……今でもキューンと胸にくるね。これからはちょっとできないだろうな。

慎太郎　それから海岸に小屋が立ちだす頃。梅雨に入る前の1週間か10日ぐらい前、美しい季節があるんだよな。「夏が来るなあ！」って、胸がときめいてさ。家で酒飲んで、角ビン持ちながら裸足で波打ち際を歩くと、夜光虫がダーッて流れてきて……。

裕次郎　あの頃は水がきれいだったなあ。

慎太郎　自然児っていうとターザンみたいだけど（笑）、もっとソフィスティケートされた自然といちばんしゃれた形でつきあう環境だったな。

裕次郎　夜、泳ぎにいったりしてね、潜っても月の明りで中がみえる。

慎太郎　いちばん海がきれいだったのは、戦争中だな。

裕次郎　そう、海岸にタコツボ掘ってるから泳げない。だけど、われわれ土地のガキは、俺も一緒に死ぬんだ、なんて言って兵隊さんと遊んだ。あの頃が最高にきれいな海だったなあ。

慎太郎　ただあんまり大っぴらに泳げなくってね。終戦になった時、アメリカ連合艦隊が葉山の沖に来て、俺も玉砕して死ぬのかなって思ったけど（笑）。それで海岸が開放されて晴れて泳げるようになった時、子供心に嬉しかったな、海岸が戻って来たぞって。

裕次郎　あの頃までは兄貴のあとをついて遊んでたけどな。

高校生になったらハンサムになって、横須賀線の女の子達に騒がれたもんだった

慎太郎　小・中学校の頃までだったね、一緒に行動したのは。おまえは子供の頃、わりと不細工な顔してたてね（笑）、俺の方は男前なのにどうして弟は……って可哀想だった。それが

高校生になって気がついたらすっかりハンサムになっててさ、トレンチコート着て慶応に通ってると、横須賀線の女の子に〝ミスター・トレンチ〟なんていわれてさ、カッコよくなって喧嘩もすっかり強くなってた。

裕次郎　女の遊びは俺が兄貴に教えようと思ってたけど、教わりに来なかった（笑）。

慎太郎　おまえはナイトクラブに通ってて、そこのホステスと同棲してるみたいで家に帰ってこなかった。でもその女性がいい人でさ。

裕次郎　昭和25〜26年頃かな、同棲ごっこっていうのが流行ってね、高校生の時だった。

慎太郎　まあ、彼女たちのペットだな、おまえたちは。

裕次郎　当時、月賦販売っていうのがデパートで始められて、女に買ってやろうなんて頭金だけ払って、あとは結局、女が全部払ったりなんかして（笑）。

慎太郎　ある時、逗子の家に2人でごろごろしていたら、爪を染めて派手な格好した知らない女が来たんだ。おふくろがあわてて2階に上がって来て、どっかのバーのマダムがツケを取りに来たから、2人ともいないことにするっていうんだ。俺はおまえのほうかなって思ってた。そしたら、その女性、小森のおばちゃまでさ（笑）、俺に、ジェームス・ディーンの「理由なき反抗」を観て原稿を書いてくれっていう依頼だった（笑）。

裕次郎　でも、小森のおばちゃまにはよく映画を観せてもらった、試写室でね。俺がデビューする直前かな。

慎太郎　学生の頃だな。デビューしたら、あとはシッチャカメッチャカだった。

裕次郎　デビューして生活が変わっちゃったからな。水の江（滝子）さんの家に住むようになったしね。

慎太郎　それにしても、俺はおまえのために脚本もずい分書いたね。「太陽の季節」がおまえのデビュー作だけど、「狂った果実」「俺は待ってるぜ」「錆びたナイフ」……。

裕次郎　「狂った果実」が秀逸だったね。

慎太郎　マコちゃん（石原まき子夫人）と出会ったのも「狂った果実」だし。あの頃の映画界は試行錯誤の時代で何をやっても許されてね。うんとキザなことをしても誰も驚かなかった。おまえにぴったりなよき時代だった。

裕次郎　そうかも知れないな。ま、これからも映画、やるよ、石原プロの自主制作で。ヘンリー・フォンダの「黄昏《たそがれ》」のような映画つくりたいね。

慎太郎　新しい成熟した人格を画面の上で作ってもらいたいな。裕さんには裕さんにしかできないものがあるわけだから。

裕次郎　期待していただきたいね。

慎太郎　ずい分期待させて、病気で皆を待たせ過ぎて、裏切ってるからな（笑）。でも裕さんならやるよ、何かを。

裕次郎　それより、兄貴も、そろそろ政治なんてやめろよ。あんなくだらないもの。

◇兄の『太陽の季節』は、弟の人生を決定づけた。

慎太郎　まだわからんよ。

裕次郎　もう選挙なんていやだよ。時間と金の浪費ばかりでさ。

慎太郎　ブツブツいいながら、裕さんは助けてくれるけどな。

裕次郎　都知事選の時なんか、俺、25日間全部やったからな。

慎太郎　そうだったな。参院選のときもやってくれた。ま、都知事選の時はもともと負け覚悟でやったけど……。

裕次郎　とはいえ、男の勝負だからな。潔《いさぎよ》くやれ！

慎太郎　そうそう、アタッシュケースに金を2億円ぐらい入れて持ってきて、「兄貴、何もいうな、これを使ってくれ」って。「バカ、こんなことするな」っていってな。やっぱり嬉しかったよ、ほんとうに。で、ようやくおまえのことを説得してそのまま帰したもんな。

裕次郎　よかったよ。あれ使われていたら俺の借金になっちゃうところだった（笑）。

慎太郎　2人しかいない兄弟だから助けあわなきゃしょうがねえんだよな。おまえが病気するたんびに白髪が増えちゃって（笑）。

裕次郎　俺の病気で増えたんじゃなくって政治だよ、政治。でも、兄貴は家族にめぐまれてるからな。せがれ4人もいい子だし。1人ぐらいグレるやつがいてもおかしくないんだけどな。ほんとによくできてるね、4人とも。

慎太郎　女房がしっかりしてるからでしょう。裕さんとこだって奥さんがしっかりしてるよ、ほんとに。マコちゃんがいなきゃ困るよ。

裕次郎　俺はもう、カミさんなしでは生きていけないよ。昔はよく芸者連れて帰ったりしてたけどな。

慎太郎　裕さんも甘えてるしさ。彼女だって可能性のある女優だったのに一線から身を引いて……偉いね。

裕次郎　あれは偉いってんじゃないの、本当に女優が嫌いで、俺と結婚してホッとしたわけ。そういう意味では玉の輿に乗ったわけ（笑）。

慎太郎　おまえが玉の輿に乗ったんじゃないの（笑）。

裕次郎　「おまえが女優いやならやめてもいいよ」っていったら、意気揚々とやめちゃった。

慎太郎　なかなか芸能人同士の結婚ってうまくいかないけど、おまえのところはうまくいってるな。子供ができりゃもっといいんだけどね。

裕次郎　兄貴のところは最初、ままごとみたいな結婚だったよな。でも姉さんすごいね、結婚してから大学へ入って。バカじゃねえかと思ったよ（笑）。

慎太郎　やっぱり亭主が偉いからよ（笑）。

裕次郎　子供がテレくさかったらしいよ。向こう側をお母ちゃんが歩いてこっち側を子供が歩いて、大学と高校に通って……。でも、やっぱりすげえ根性だよね。

兄貴はマジメだからなあ。角栄さんの真似ができてりゃもっと大物になってるよ

慎太郎　結婚した時の約束だからな。子供が成長したら行かして下さいって。公約を履行しただけ。そんな話もういいよ（笑）。それより、おまえも早く仕事したいと思ってるだろうけど、俺ももっと仕事がしたい。なにも大臣をするだけが仕事じゃないけどさ、ロマンのある仕事がしたいね。

裕次郎　今の政治にはロマンがないもんな。

慎太郎　全くね。死んだフィリピンのアキノに、カストロがキューバでやったように南の島から北上して政権をとれといったんだ。彼がそれをやっていたら、俺は代議士をやめて一緒にフィリピンの革命をやってた、鉄砲背負って。彼はバカ正直にデモクラシー信じて殺されちゃったけど。それはロマンティシズムか情熱か何か知らんけど、それはそれなりにひとつの政治だし、なにも日本に限らなくたっていいんだ、政治は。

裕次郎　日本の政治っていうのは、俺たち国民が外野で見てるとアホらしくてさ。ニューリーダーだって、すご腕はいないもんな。

慎太郎　そんなの、素人の床屋談義だよ。

裕次郎　じゃ中曾根さんのあと、誰がいるっていうの？

慎太郎　誰がやったって同じなんだよ。

裕次郎　同じだったら、ルックスがよくって経験者のほうがいいじゃねえかって話になるわけ。

慎太郎　ルックスの問題なら、当人たちに聞かなきゃね（笑）。

裕次郎　だからやっぱりニューリーダーっていうのは、兄貴ぐらいの世代をさす言葉のはず、60歳代から50歳代に若返らなくちゃウソだよ。今のニューリーダーと旧リーダーと1つしか齢が違わねえんじゃなあ（笑）。兄貴には、もうひと頑張りしてもらなくちゃ。

慎太郎　とにかく、今、政治の大事な問題があるようでないから……。この頃、政治がようやくわかってきたけど……。

裕次郎　兄貴はまじめだから……田中角栄の爪のアカでも煎じて飲んで、ほんのちょっとでも真似できりゃ、もう少し大物になってるけど、ダメだね（笑）。

慎太郎　あれは天才だからな。

裕次郎　今になってみると、二足のわらじをはいて、兄貴もバテてきてるよ。相当バテてる。若さで売ってる慎太郎なんて、俺、応援演説できなくなっちゃったもんな（笑）。

慎太郎　おまえはまわりにいいスタッフがいるし、裕さんのためなら死んでもいいというような人たちばかりだ。政治家っていうのはなかなかそういう面の仲間っていうのはできないね。本当いうと、おまえには松竹や東宝みたいな大会社を作ってもらいたかったけどね、しかし、今はもう大資本の時代じゃないな。ま、会社も試行錯誤で、いい映画もつくったよな。「黒部の太陽」とか「栄光への5000キロ」とか。そうかと思うと、おまえも儲かるわけがない映画を平気でつくって借金つくったり。

裕次郎　いやあ、あれはいい勉強になった。

慎太郎　仕事の上でいつもおまえが困ったときは、俺が救世主のごとく、天使のごとく現れてちゃんと解決してやってきたんだ（笑）。

裕次郎　なにいってんだよ（笑）。

慎太郎　ま、いろいろあったけど、俺もこの頃、政治の世界がつまらん金とゴマすりの世界だってのがつくづくわかって、やっぱり自分の感覚がいとおしくなってきた。裕さんじゃないけど、1人きりになりたいね。自分の時間が欲しいよ。ま、それはそれでいいとして、近いうちまたゆっくり話そうじゃないか、裕次郎クン（笑）。

◆兄の都知事選を応援する石原裕次郎。選挙にはいつも駆けつけた。

特別編集2　寄稿

「弟の時代」

石原慎太郎

◆裕次郎の小学校入学記念に兄と二人で撮った。

石原裕次郎さんが亡くなったあと、『石原裕次郎写真典』の出版において兄慎太郎さんに裕次郎さんとの「兄弟の日々」を寄稿していただいた。最高のタッグマッチのパートナーとして生きた兄は、弟のたび重なる病魔との闘いに伴走し、寄り添って生きた。しかし後年、弟のがんによる絶望的な病の苦しみに、試練の時と向き合う覚悟を決める。

弟が父から受け継いだもの

弟と私の人生には、四つの節目があったのではないか、そんなふうに聞かれることがあります。父の死、映画界入り、結婚、そして石原プロの船出——こうした弟にとっての人生の節目に私が〝親代わり〟として関わったから、ということです。

しかし、誤解のないようにことわっておくならば、私は裕次郎の〝父親〟ではありません。

時々、間違って裕次郎のことを、

「うちの長男です」

と紹介して弟の失笑を買ったことがありますが、やはり兄でしかありません。

ただ、変な家長意識の行き違いというのはありました。当時はわずか二つ違いであっても、長幼の序で兄が重きを置かれる時代でしたし、弟の面倒を見なくてはいけないという思いが、私の中に存在し続けたのは事実です。弟が私より有名になってからも、いや、弟が死ぬまで……。

それでも、私が兄でしかないというのは、死んだ父親の存在が兄弟にとって非常に強かったからです。

父は、弟が高校二年の時に脳卒中で亡くなりました。朝はふだんと変わらず元気だったのに、仕事中に倒れ、そのまま帰らぬ人になったのです。

その死に、弟は大きなショックを受けました。父の会社の車で逗子から東京へと移動するあいだ、案外元気な顔で笑い飛ばす姿を想像していたという弟は、会社の会議室で寝かされている父を見た瞬間「ダメだ！」と感じたといいました。

あの病気特有の大イビキをかきながら、意識が戻ることもなく逝ってしまった父。

「肉親の死ほど悲しいことはこの世にまずあるまい」――のちに弟はそう述懐しています。

そして、それまでは信心らしきものを持たず、人がお墓参りをする気持ちもよくわからないといっていた弟が、別人のように変わりました。

お盆には必ずお墓参りをし、やはり大酒飲みだった父のために大好物だったビールを供えて、一年に一度、映画の話などをするのを楽しみにしていたものです。

弟にとって、父からもらった最高の思い出は一緒にお風呂に入ること――父は子供たちの体を洗うのが好きで「ほれ、手だ」「はい、次は足」などといっては一生懸命洗っていました。

さすがに私は中学生くらいになると照れくさくなり、逆に自分が父の背中を流すようになっていましたが、弟は最後まで洗われるままにしていたのです。

とはいえ、高校二年の弟の体はすでに五尺九寸（約１７７センチ）近く、父よりもはるかに大きくなっていました。それでも父は、

◆石原家、家族の肖像と若き日の母光子の一葉。

「こう大きくなると、父さんしんしんどいわ」

などといいながら、せっせと洗っていたものです。

そんな弟だったからこそ、父の死に計り知れないショックを受けたのでしょう。

私もそうですが、父から受けた影響は大きかったと思います。

運動をこよなく愛した父は、スポーツに関する我々の要求をなんでも聞いてくれました。

弟が中学二年でバスケットボールを始めたころ、当時は珍しかったバッシュー（バスケットシューズ）をねだったことがありましたが、父は神田の街じゅうを歩き回って注文通りの品物を手に入れ、弟を大喜びさせたものでした。

一方で、怖い親父でもありました。イタズラだった小学時代、弟はよく父にほっぺたを叩かれていました。母親に、

「子供を殴るのは教育上よくない」

といわれてからは、冬の寒い日に玄関に立たされたり、壁に向かって座らせるというお仕置きをしていました。そんな経験も、弟にはかけがえのない思い出だったようです。

厳しくも優しい、まさに日本の古き良き父親のイメージ——弟は私以上にそういったものを受け継いだのかもしれません。これほど大勢の人に愛され、死後に至るまで愛され続けているのも、やはり世間にとって素晴らしい父性を感じさせる男だったからではないでしょうか。

弟は実生活では子供がいなかったわけですが、後年『太陽にほえろ！』や『大都会』『西部警察』で見せた〝ボス〟としての姿は、父親を連想させました。いつも黙って見ていて肝心なときには出てきて物事を決めてくれる、間違いを許してくれる、かばってくれる。また、理想的な上役とも評されましたが、それ以上にむしろ、兄貴と父親を合わせたような父性を私は感じたものです。

裕次郎とは、日本という家庭における父親みたいな存在ではなかったか、と。

だからこそ、晩年になっても世間も「裕ちゃん、また病気したのか」という感じで心配し続けたのでしょう。そして、最後にああいう死に方をしてしまう。

誰よりも華やかなようでいながら、じつは肉体的に虐げられ、歯を食いしばって耐えていたという部分、誰だって病気はするし、死ぬのはイヤだし、そういう意味で、いつも生と死の狭間《はざま》にいた男に対する共感が、世間に存在していた気がします。

目に見えない大きな絆に祝福された兄弟だった

ともあれ、弟はそういう男ですから、私が親代わりなどと偉そうな立場であったはずがないのです。

ただ、父親が死んだ直後、弟が少しグレたというか、要するに勝手なことを始めたときに、私がその放埒《ほうらつ》ぶりを拾って小説の素材にしました。

その結果、私は世に出ることができ、これが映画化されたおかげで弟は映画界にデビューします。これとて別に、私が家長として頑張ったわけではありませんし、一緒に遊びに連れていってもらっていたほうなのですが、本当に人生のパートナーだったなとは感じます。

どちらかが偉そうに「俺が兄だ」「俺が弟だ」というのではなく、弟がいなかったら私は世に出られなかったし、私がいなかったら弟も世に出られなかったでしょう。

そういう点で、目に見えない大きな絆に祝福された兄弟だったと思うのです。

あるいは、野球のバッテリーみたいなものだったかもしれない。ピッチャーだったり、場合によって立場は変わりましたがとてもいいバッテリーでした。弟にはこっちからの貸しもありましたし、私にも一生懸命やってくれたものでした。

もちろん、幼い頃は兄弟ゲンカもしました。私のほうが身体も大きかったので、イタズラを兼ねてずいぶん苛《いじ》めたこともあります。しかし、泣かせるほどではありませんでした。

馬乗りになって、上からツバを垂らす振りをして、やめたと見せかけ、本当にかけてしまう、そんな他愛のないものです。

それも、あいつが突然大人っぽくなり、ケンカをしても勝てないと思ってからはなくなりました。

父が死んだあと、弟がイライラしてお膳立をひっくり返したことがありましたが、そのと

◇兄弟は生涯にわたってタッグマッチを組んだ。

きも「この野郎！」と胸ぐらをつかんだだけで、本気で殴りはしませんでした。

やはり、兄として弟に対しては優しい気持ちでいたのでしょう。

弟が結婚するときには、結納式で親代わりを務めました。とはいえ、これも家長として儀式的にやったまでのこと。弟のために力を貸してやれたのかな、と思えるのは『弟』にも書いた映画『黒部の太陽』でのエピソードくらいです。

かつて、日本の映画界には「五社協定」という理不尽な取り決めがありました。役者は大きな映画会社と専属契約を結び、その作品でなくては出演できないというもので、弟は石原プロを設立して早々、この協定のわくを超えた画期的な映画を世に送ろうと企画したのです。が、既存の勢力からの抵抗は想像以上で、この計画は頓挫《とんざ》しそうになりました。弟は私に電話をしてきて、

「これで、俺の夢も消えたよ」

といいます。その声が涙で震えていることに、私はこんなことは初めてだと驚きました。

そして、これは兄として何とかしなくてはと心に決めました。

だから、すでに政治の世界に足を踏み入れていた私は、自分にしかできない技を振るって、弟のピンチを救おうとしました。あのとき、私たち兄弟は絶妙な呼吸でタッグマッチのタッチを交わし、どちらかといえば非力だった私が弟の最大の危機を救ったのです。どうやら私たちには、その世界の権威に盾をつくという役回りがあるのかもしれません。

兄弟がタッグを組んで、映画界の旧権威にひと泡吹かせてやったということほど痛快なことはなく、まさに「人生の時」というべきものでした。

しかし、その幸福な瞬間はそう長くは続かなかったのです。

弟を次々と襲った病魔――その死闘の日々がすぐにやってきたからです。

今にして思えば、弟は子供の頃にものすごい黄疸《おうだん》をやっています。患部に触れただけでも胆汁で黄色くなるほどで、バスに乗ったとき、横顔を見たりすると、蛍光灯みたいに黄色くギラギラ光っていたものです。

あれは十代の若いときだったから助かっただけで、二十代、三十代だったら死んでいたかもしれません。

当時は薬もなかったし、その後も平気で酒を飲み続けたのもよくなかったのでしょう。あの黄疸、肝臓にかなりの負担をかけたように思うのです。

それから、二十代のとき、スキー場で負った骨折――これ自体は命に関わるものではありませんでしたが、その後の弟の肉体的業苦を考えるにつけ、運命的なものを思わずにいられません。

生きものというのは、栄光とひきかえに試練を強いられるものなのでしょう。

市川雷蔵君にせよ早く死んだし、美空ひばりちゃんもそうだし、勝新も色々な問題を残しながら死んでいった。萬屋錦之介君も同じです。

スーパースターには必ず代償がつきまとう。弟を襲った病魔も、時代の寵児《ちょうじ》となった男に対し、何者かが仕掛けた罠だったとさえ思えるのです。

そういう中で、弟はともすれば、利用されてきました。設立当時の石原プロにはくだらない男がいて、それが多額の借金を作るもととなったのです。

一方で「小正」こと小林正彦専務のような男もいます。彼は商売の天才だし、渡哲也君というイメージとしても素晴らしい社長を盛り立てながら、実務を完璧にこなしています。裕さんの遺産を回転させながら、親友だった勝新の葬式まで円滑に仕切ってしまう。私は昔から、

「小林を大事にして石原プロを盛り立てていくようにしなきゃだめだぞ」

と弟にいっていたものです。

私と弟の人生の光背は、まさに海だった

私が弟との別れを意識したのは、ガンであることがわかったときが初めてではありません。昭和五十年に開催された二度目のトランスパシフィック・ヨットレース。彼は前回、自分の船に乗らなかったから、そのときはよほど嬉しかったのでしょう。

あいつは酔っ払っているクルーのひとりに代わってレースを徹夜で引っ張っていました。

そうやって張り切りすぎ、起きているうちにおなかが冷えたのが悪かったのか、盲腸になってしまったのです。

カリフォルニアを出てから三日くらいたっていて、太平洋のど真ん中。どこかの汽船が通ったから、とにかくシップドクターがいるなら手術してもらおうと発火信号を上げたのですが、気づいてもらえません。結局、翌日コーストガードを呼んでレスキューされましたが、そのとき、弟を失うことへの恐怖が現実のものとして迫ってきたのです。

「もしかしたら死ぬんじゃないか。生きたまま別れることになるのではないか」——風が強く吹き、海はひどく時化《しけ》ていました。しかも、見渡す限り何もない絶海。その中で弟の死を思ったことが、一種の原体験として残りました。

私にとって弟は一回死んだ。しかし、それでもまだ生きているんだ、と。

だから、そのあと、ガンになったときも動揺はしませんでした。舌ガンをやり、動脈瘤をやり、そして肝臓ガンをやって死んでいくわけですが『弟』にも書いたように、最後に息を引き取る間際、私が「もう死んでもいいんだよ」と願ったのは、弟に仕掛けられた罠から彼を救うには、死しかないと思ったからです。それくらい壮絶な闘いでした。

あの絶海の中で、別れの時に感じた恐怖は今も忘れられない。そういう意味で、私と弟の人生は常に海にあったともいえます。死の予感、というものまでふくめてです。

弟が死んだとき、私が「海を見たら裕次郎を思い出して下さい」

と弔事を述べたのも、そんな思いからでした。

海というものがあったからこそ、我々は世間に対し、最高のタッグマッチのパートナーを組むことができました。

私と弟の人生の光背は、まさに海だったのです。

◇兄弟にとって人生の光背はまさに海だった。

解説

石原が逝ったのは昭和六十二年七月十七日、夏の日のことでした。

石原が亡くなった翌年の秋から、少しずつですが膨大に残った手つかずの遺品の整理を続けてまいりましたが、その中に、石原の肉声が入った二十三本のカセットテープがあったのです。

テープは各取材で頂いたもので、大切に保管して長い間、仕舞っていましたが、遺品の整理が終わったあと、聞く機会を作ってみたのです。

短いテープもあれば、長いテープもあり、さまざまな様子で語る、あの明るい石原の声に、懐かしさというよりも、まさに傍らに裕さんがいて、身ぶり手ぶりを交えながら、話してくれているような、錯覚をおぼえるくらい現実感あふれるテープでした。

天衣無縫に、大らかに話す石原や、たぶん大好きなお酒を飲みながら話しているのでしょう、茶目っ気たっぷりに話す石原や、ああ、裕さんらしい、吹き出しそうになるくらいユーモアに富んだ石原や、またある時は、例えば病魔との闘いのくだりなどは、本当に胸が締めつけられるような、しんみりとした口調の石原がいました。

生前、石原は、

「いつか時間を作って、自分のことを書いてみたい」と申しておりましたが、こうしたテープは、まさに石原の波乱に富んだ人生そのものでした。正直に申しまして、このテープを公開してもいいものかどうか、深く悩み、迷いましたが、いまなお石原をこよなく愛して下さっています多くのファンの方へ素顔の裕さんをお届けすることが、石原の遺志を継ぐ方法として最も良いのではないかと考えて公開を決断いたしました。

テープを編集し、活字にして改めて読んでみますと、私の知らなかったことも多く語られていて、石原の考え方、生き方など人生の大切な意味について知ることができました。

また、二人の出会いから結婚、そのあとに続く結婚生活を語ったくだりには、しばし目がとまり、二人で過ごした温かな日々の思い出がこみ上げてまいりました。

特別編集としまして、弟、裕さんと兄の慎太郎さんとの「兄弟対談」と、慎太郎さんが書かれた裕さんへの思いを収録させていただきました。エピソードひとつひとつに二人の兄弟の絆をあらためて強く感じ、胸がいっぱいになりました。

石原慎太郎お義兄様、ありがとうございました。深くお礼を申し上げます。

令和元年十二月

石原まき子

本書は平成十五年（二〇〇三）七月十七日主婦と生活社より刊行されました『石原裕次郎口伝　我が人生の辞』を改題し、裕次郎さんの未公開の肉声テープを大幅に再編集、再構成したものです。特別収録の「兄弟対談」と「弟の時代」は兄の石原慎太郎様のご協力を得て掲載させていただきました。

石原慎太郎様、厚く御礼を申し上げます。

また、本書の発行にあたって、石原裕次郎さんの奥様の石原まき子様と石原プロモーション様にご協力をいただきました。厚く御礼を申し上げます。

令和元年十二月

編集人　阿蘇品　蔵

石原裕次郎
いしはら　ゆうじろう

1934年、兵庫県神戸市生まれ。

慶應義塾大学在学中、兄・石原慎太郎氏の原作、日活映画『太陽の季節』でデビュー。

続く『狂った果実』で主役デビュー。たちまちのうちに日本中を裕ちゃんブームに。

その後、独立プロを興し、名作『黒部の太陽』『栄光への5000キロ』を大ヒットさせる。

また歌手としてもヒット曲を次々に出し、
テレビでは『太陽にほえろ！』『西部警察』などでボスとしての存在感を演じ、
世代を超えて多くのファンの心をつかんで離さなかった。

「日本人が最も愛した男」として昭和から平成、そして令和へと語り継がれている最大のスターである。


本文中の写真はすべて監修者の石原まき子さんから提供されたものです。

人生の意味

二〇二〇年一月二十九日　第一刷発行
二〇二〇年二月十七日　第二刷発行

著者――石原裕次郎
監修――石原まき子

編集人　発行人――阿蘇品 蔵
発行所――株式会社青志社
〒一〇七-〇〇五二　東京都港区赤坂六-二-十四　レオ赤坂ビル四階
(編集・営業)
TEL：〇三-五五七四-八五一一　FAX：〇三-五五七四-八五一二
http://www.seishisha.co.jp/
本文組版――株式会社キャップス
印刷・製本――中央精版印刷株式会社

ISBN 978-4-86590-098-9 C0095